Über das Börsentermingeschäft in Wertpapieren

von

Dr. Heinrich Göppert

Geheimer Oberregierungsrat, vortragender Rat im Ministerium für Handel und Gewerbe
Staatskommissar bei der Berliner Börse

Vorträge, gehalten in einem Fortbildungskurse
für Juristen

Berlin
Verlag von Julius Springer
1914

ISBN 978-3-642-50495-2 ISBN 978-3-642-50805-9 (eBook)
DOI 10.1007/978-3-642-50805-9

Vorwort.

Die folgenden Vorträge habe ich im Oktober 1913 in dem von den Ältesten der Kaufmannschaft von Berlin in Gemeinschaft mit dem Deutschen Anwaltsverein in Leipzig, der Anwaltskammer zu Berlin, dem Berliner Anwaltsverein und dem Verein „Recht und Wirtschaft" veranstalteten Fortbildungskurse für Juristen gehalten. Der von der Verlagsbuchhandlung gegebenen Anregung, die Vorträge zu veröffentlichen, komme ich gern nach, obwohl ich bei Beginn der Vorträge ausdrücklich gebeten hatte, von Berichten in der Presse abzusehen. Bei der Schwierigkeit der Materie, die jeden bestimmten Ausdruck als gewagt erscheinen läßt, mußte ich mir die Form, in der meine Ausführungen an die Öffentlichkeit kommen, selbst vorbehalten.

Die Vorträge erscheinen so, wie ich sie gehalten habe, in einzelnen Teilen auch so, wie ich sie gehalten haben würde, wenn mir etwas mehr Zeit als knappe 3 Stunden zur Verfügung gestanden hätten. Ich habe davon abgesehen, sie zu einer systematischen, erschöpfenden Darstellung des Börsentermingeschäfts in Wertpapieren auszugestalten. Eine solche Darstellung würde die eingehende Erörterung des gesamten Wesens und der Funktionen unserer Wertpapierbörsen erfordern. Es ist nicht nur Mangel an Zeit, was mich von einem solchen Unterfangen abhält. Denn so einfach die einzelnen Vorgänge an der Börse an sich sind, wenn man sie in ihre Bestandteile auflöst, so schwer ist es, sie in der Totalität ihrer Funktionen zu erfassen. Die Zahl derer, die die Börse wirklich verstehen, ist schon gering genug. Noch geringer ist aber die Zahl derer, die das, was sie verstehen und empfinden, dem Außenstehenden verständlich zu schildern vermögen; ich rechne mich noch nicht zu diesen wenigen.

Ich bitte daher, in der kleinen Schrift nichts weiter suchen zu wollen, als eine anspruchslose Besprechung einzelner Fragen von allgemeinerer Bedeutung. Um den mehr wirtschaftlich interessierten Leser nicht immer wieder mit juristischen Fragen zu behelligen, habe ich die hauptsächlichsten rechtlichen Darlegungen in den beiden Abschnitten: „Die Regelung des Börsentermingeschäfts im alten und im neuen Börsengesetz" und „Der Spieleinwand im neuen Börsengesetz" (S. 7—24) vorweggenommen.

Wissenschaftlich soll die Darstellung nicht sein. Ich habe deshalb auch die Ausdrucksweise des Vortrags beibehalten und auf die Literatur nur verwiesen, wo ich einzelne Gedanken bewußt entlehnt habe, oder wo es mir daran lag, Arbeiten, die ich für besonders wertvoll halte, in Erinnerung zu bringen. Aus dem Fehlen von Verweisungen ist also nicht zu schließen, daß ich Neues zu sagen glaube. Alles was sich über ein so oft und vielfach auch mit großer Sachkunde behandeltes Thema sagen läßt, ist wohl schon einmal in der deutschen oder ausländischen Literatur, in den Gesetzesmotiven oder den Enqueten gesagt worden. Aber es lohnt sich gerade bei diesem Thema, auch oft Gesagtes zu wiederholen.

Selbstverständlich habe ich nur meine ganz persönlichen Auffassungen dargelegt. Auf die Stellung der Regierung zu den erörterten Fragen darf aus meinen Ausführungen nicht geschlossen werden. Wichtiger aber noch erscheint es mir, auch an dieser Stelle zu betonen, daß es sich nur um meine gegenwärtigen Ansichten handelt. Wer die Vorgänge im Wirtschaftsleben aus der Nähe verfolgt und sieht, wie hier stetig Verschiebungen sich vorbereiten, und dann doch wieder anders als erwartet eintreten, der wird sich nur in wenigen Fragen ein für allemal feststehende Auffassungen bilden können, im übrigen aber seine Stellung immer nur mit dem Vorbehalt einnehmen, sich durch die Entwicklung eines Besseren belehren zu lassen.

Charlottenburg, im Dezember 1913.

Dr. H. Göppert.

Inhaltsübersicht.

Als Thema habe ich nicht das Börsentermingeschäft überhaupt, sondern nur das Börsentermingeschäft in Wertpapieren gewählt. Nicht allein, um den Stoff zu beschränken. Der Gegenstand an sich verlangt eine besondere Behandlung. Schon um dies darzulegen, werde ich freilich oft genug den Börsenterminhandel in Waren streifen müssen.

Die äußeren Formen, in denen sich die Geschäfte des Handelsverkehrs vollziehen, sind dem Juristen aus dem Studium des Handelsrechts bekannt. Jedenfalls befähigt ihn seine Ausbildung, sich die Kenntnis selbst zu verschaffen. Es wäre daher überflüssig, die rechtlichen Besonderheiten des Börsentermingeschäfts ausführlich zu schildern, zumal ich bei einem großen Teil gerade der Berliner Juristen eine vollkommene Kenntnis voraussetzen darf, im übrigen aber genügend Hilfsmittel[1]) vorhanden sind.

Überhaupt möchte ich meine Zuhörer möglichst wenig mit technischen Einzelheiten behelligen. Namentlich halte ich es für nicht angezeigt, zu tief in die Details des Börsenverkehrs einzudringen. Die Bedeutung dieser Details für das Verständnis der Vorgänge wird meist überschätzt. Der berufsmäßige Börsenhandel ist, wenn er sich dauernd betätigen will, auf die Ausnutzung kleiner und kleinster Vorteile angewiesen. Denn große Gewinne wachsen nicht wild, vor allem nicht regelmäßig und nicht für jeden. Bei der Ausnutzung dieser kleinen und kleinsten Vorteile werden großer Scharfsinn und viel technische Feinheit entwickelt. Die fein ausgeklügelten Methoden, an Kursverschiedenheiten Geld zu verdienen, müssen aber auf den, dessen Gedankengang nicht stetig auf solche Dinge eingestellt ist, verwirrend wirken. Uns interessiert nur der große Gang der Tätigkeit. Uns kümmert weniger das Wie als das Was. Genug, wenn wir im allgemeinen wissen, wie es sich verhält. Darum können wir die Spielarten des Börsentermingeschäfts, das Prämiengeschäft, die Stellage und das Nachgeschäft, ruhig beiseite lassen.

[1]) Das bequemste Hilfsmittel für den Juristen ist wohl: Heilfron, Geld, Bank und Börsenrecht (2. Aufl. 1912). Der mit jeder neuen Auflage reichhaltiger gewordene Band 1 von Salings Börsenpapieren, „Die Börse und die Börsengeschäfte“, stellt ziemlich hohe Ansprüche an den Leser. Er ist für tiefergehende Studien, namentlich wenn es sich um Einzelheiten handelt, zu empfehlen.

Auch in dieser Beschränkung kann ich das Thema nicht erschöpfen. Meine Absicht ist nur, einige Fragen, die mir für den in der Praxis stehenden Juristen besonders wichtig erscheinen und vielleicht auch weitere Kreise interessieren, zu besprechen und namentlich zu versuchen, die für unsere Gesetzgebung und überhaupt für die staatliche Börsenpolitik bestimmenden Gesichtspunkte, so wie ich für meine Person sie auffasse, darzulegen.

Ich habe zunächst einige Bemerkungen zur allgemeinen Orientierung vorauszuschicken.

Es ist bekannt, daß alle an der Berliner Börse amtlich notierten Wertpapiere im Promptgeschäft, Kassageschäft genannt, gehandelt werden. Bei diesem Handel hat der Verkäufer natürlich die Wertpapiere nicht bei sich. Die Lieferung erfolgt von Kontor zu Kontor oder durch Vermittelung des Kassenvereins. Aber der Verkäufer hat das Recht, Abnahme der verkauften Papiere und Zahlung des Kaufpreises, der Käufer hat das Recht, Lieferung schon am Vormittage des nächsten Börsentages zu verlangen. In etwa neunzig Papieren[1]) findet neben diesem Kassageschäft ein Zeitgeschäft besonderer Art, ein börsenmäßig qualifiziertes handelsrechtliches Lieferungsgeschäft, kurz Börsentermingeschäft genannt, statt[2]). Das sind die sogenannten Ultimopapiere.

Die Feststellung einer amtlichen Kursnotiz und die Aufnahme eines Papiers in den amtlichen Kurszettel hat die Zulassung des Papiers zum Börsenhandel und die Einführung an der Börse[3]) zur Voraussetzung. Die Zulassung erfolgt durch ein besonderes Kollegium, die Zulassungsstelle. Zulassung zum Börsenhandel und daraufhin erfolgte Einführung an der Börse berechtigen aber zunächst nur zum Handel per cassa, es dürfen nur Kurse für diesen Handel festgestellt werden. Soll außerdem ein amtlich anerkannter, mit amtlicher Notiz ausgestatteter Terminhandel in dem Papier stattfinden, so bedarf es einer weiteren Zulassung, nämlich der Zulassung zum Börsenterminhandel durch den Börsenvorstand.

Diese weitere Zulassung ist durch das Börsengesetz von mancherlei Voraussetzungen abhängig gemacht. Das im Terminhandel umzusetzende Kapital muß einen Nennwert von mindestens 20 Millionen Mark haben; es sollen nur „große" Papiere auf Termin gehandelt werden.

---

[1]) Die genaue Zahl ist zurzeit 88.

[2]) Einen nennenswerten Börsenterminhandel haben in Deutschland neben Berlin nur noch Frankfurt a. Main und Hamburg.

[3]) Die Einführung an der Börse findet ihren Ausdruck in der Feststellung einer ersten amtlichen Notiz, die üblicherweise nur erfolgt, wenn ein größerer Umsatz zu dem Kurse stattgefunden hat.

Die Geschäftsbedingungen für den Börsenterminhandel sind festzusetzen, namentlich müssen die im Termingeschäft zu handelnden Beträge, die Einheiten, bestimmt werden. Die Zulassung der Anteile[1]) von Bergwerks- oder Fabrikunternehmungen darf nur mit Zustimmung des Bundesrats erfolgen; ein Residuum aus dem alten Börsengesetz, das den Börsenterminhandel in solchen Anteilen überhaupt verbot, hauptsächlich um die Industrie vor der Beunruhigung durch die Spekulation zu schützen. Daneben gab der „besonders aleatorische" Charakter dieser Papiere zu dem Verbot Veranlassung. Deshalb erstreckte sich das Verbot auch auf den Terminhandel in ausländischen Papieren an deutschen Börsen und das Residuum des Verbots, die Zustimmung des Bundesrats, ist auch für die Zulassung solcher Papiere erforderlich. Weiter aber bedarf es für die Zulassung von Werten einer Erwerbsgesellschaft, hier jedoch natürlich nur einer deutschen Erwerbsgesellschaft, aber nicht nur der Bergwerks- oder Fabrikunternehmungen, sondern auch der Eisenbahn-, Schiffahrtsunternehmungen, Banken, Finanzierungsgesellschaften usw., der Zustimmung der Gesellschaft selbst. Übrigens ist es seit dem Bestehen dieser Vorschrift erst einmal an der Berliner Börse vorgekommen, daß eine Gesellschaft die Zustimmung verweigert hat. Dieselbe Gesellschaft hat einige Jahre später die Zulassung ihrer Aktien zum Terminhandel selbst betrieben.

Dem Börsenvorstand ist die Zulassung übertragen, weil für sie weniger die Beschaffenheit des Papiers als die Verhältnisse des Börsenhandels, börsentechnische Momente, in Betracht kommen.

Ultimopapiere werden die zum Börsenterminhandel zugelassenen Papiere bei uns genannt, weil usancemäßig auf Lieferung am Ende des laufenden Monats gehandelt wird[2]). Welcher Tag am Ende jedes Monats als gemeinsamer Lieferungstag für diese Geschäfte gilt, setzt der Börsenvorstand alljährlich für das kommende Jahr fest. Für das Geschäft ist es aber nicht wesentlich, daß nur monatlich abgerechnet wird. London, wo das ganze Börsengeschäft sich normalerweise im Terminhandel abwickelt, rechnet medio und ultimo ab. Das gleiche findet in Paris bei der Mehrzahl der Papiere statt. Wien kennt sogar ein wöchentliches Arrangement.

Der Berliner Kurszettel weist etwa 3200 Kassanotizen auf. Die Zahl der auch per ultimo gehandelten Papiere erscheint demgegenüber

[1]) Aktien, Anteile einer Kolonialgesellschaft usw. Voraussetzung ist immer, daß es sich um Wertpapiere handelt, die einen bestimmten Nennwert haben. Kuxe dürfen deshalb nicht zum Börsenterminhandel zugelassen werden. Schon die Eigenart dieser Papiere schließt übrigens die Entwicklung eines Börsenterminhandels aus.

[2]) Im Gegensatz zum Warenterminhandel, wo bei uns auf Lieferung innerhalb eines jeweils zu vereinbarenden Monats gehandelt wird; im Ausland kommen auch Geschäfte auf Lieferung innerhalb zweier Monate vor.

recht gering. Überdies finden große, einigermaßen regelmäßige Umsätze nur in zwei bis drei Dutzend von diesen Papieren statt. Bei der Mehrzahl der offiziell zum Börsenterminhandel zugelassenen Papiere sind die Umsätze nicht bedeutend. Es hat sich die Voraussetzung eines dauernden großen Umsatzes, von der der Börsenvorstand bei der Zulassung des Papiers zum Börsenterminhandel ausging, nicht bestätigt, oder aber der frühere lebhafte Verkehr ist mit der Zeit eingeschlafen.

Eingeschlafen ist namentlich der Verkehr in ausländischen Rentenwerten, in denen früher so gewaltige Umsätze stattfanden, daß uns heute die Ziffern fast unglaubhaft groß erscheinen. Es war dies die Zeit, von der die alten Börsenbesucher so gern erzählen, in denen man Millionen an der Berliner Börse kaufen oder verkaufen konnte, ohne daß dies den Kurs wesentlich beeinflußte. Ein spekulativer Rentenmarkt arbeitet natürlich mit ganz anderen Summen wie ein Aktienmarkt. Um den Gewinn zu erzielen, auf den man bei einem Engagement in 15 Stück Industrieaktien hoffen kann, muß man bei den, Kursschwankungen weniger ausgesetzten Rentenwerten schon bedeutende Summen in Bewegung setzen. Es kam hinzu, daß sich damals die Spekulation auf eine geringere Zahl von Objekten konzentrierte und daher der Markt für das einzelne Spekulationspapier breiter war. Allerdings ist seither das Hinterland der Berliner Börse in Deutschland, d. h. das an Wertpapieren interessierte deutsche Publikum, sehr gewachsen, aber die Zahl der Objekte, die die Spekulation anziehen, und das sind keineswegs nur die Ultimopapiere, hat sich noch mehr vergrößert und leider hat das deutsche Publikum es seither besser gelernt, ausländische Börsen aufzusuchen, eine Erscheinung, die übrigens nicht allein dem alten Börsengesetz zur Last gelegt werden darf, während andererseits wohl die ausländische Kundschaft der Berliner Börse gegen früher auch jetzt noch zurückbleibt.

Die Rentenspekulation ist zurückgegangen durch das Auftauchen anziehenderer Konkurrenzobjekte, namentlich der mit Deutschlands industrieller Entwicklung immer mehr in den Vordergrund tretenden Industrieaktie, die der Phantasie der Spekulation reichere Anregung bietet. Das Publikum hat seine Gunst von den uninteressant gewordenen Rentenpapieren immer mehr der Aktie zugewandt und mit ihm ist die berufsmäßige Spekulation von dem Rentengeschäft abgewandert. Denn ausschlaggebend ist an der Wertpapierbörse am letzten Ende immer das Publikum. Mit dieser Wanderung der Spekulation hat sich eine bedeutsame Änderung der Momente vollzogen, die für die Börsentendenz maßgebend sind. Während früher auch die deutschen Börsen große Empfindlichkeit für Vorgänge der äußeren Politik zeigten, sind in neuerer Zeit diese Momente mehr in den Hintergrund getreten. Ich spreche natürlich nicht von dem letzten Jahre, in dem die auswärtigen Verhältnisse sich so überaus unsanft aufdrängten; in der ersten Hälfte des Jahres 1913 war die Berliner Börse so vollständig auf äußere Politik eingestellt, daß sie die Anzeichen der Konjunktursenkung und der Geldkrise nahezu übersah. Aber ich erinnere an die eigentümliche Ruhe, die die Berliner Börse in den ersten Wochen nach dem Coup d'Agadir, anscheinend fasziniert durch die Anzeichen einer heraufziehenden industriellen Hochkonjunktur, zeigte[1]), ganz im Gegensatz zu der Pariser Börse, wo ja heute noch ein großes spekulatives Geschäft in auswärtigen Renten besteht und wenigstens noch vor einigen Jahren die 3 proz. französische Rente ein bevorzugtes Spekulationspapier des französischen Volkes war. Daher ist auch die französiche Rente damals und auch während der Balkankrise viel stärker und plötzlicher durch die außerpolitischen Sorgen beeinflußt worden als unsere Staatspapiere, bei denen im wesentlichen nur ein langsames Abwärtsgleiten bemerkbar war.

Verschwunden ist bis auf einen kümmerlichen Rest die inländische Eisenbahnaktie, die früher durch die regelmäßigen Einnahmeausweise ein so anregendes Objekt für die Spekulation war. Abgeflaut ist auch die Spekulation in Bankaktien. Früher, als noch die Disconto-Commanditgesellschaft die führende deutsche Großbank war, waren die Kommanditanteile für die Börse das Papier, in dem sie ihre politischen und wirtschaftlichen Hoffnungen oder Befürchtungen durch Käufe oder Verkäufe auszudrücken liebte. In den letzten Tagen der Regierungszeit Kaiser Wilhelms I. waren die Kommanditanteile regelmäßig schwach, wenn der alte Kaiser beim Aufziehen der Wache nicht am Fenster erschienen war, und sie hoben sich wieder, wenn er sich hatte sehen lassen. Einen solchen allgemeinen Gradmesser für die Börsentendenz hat die Berliner Börse heute nicht mehr. Das spekulative Interesse für die Bankaktien ist erlahmt, seitdem die stabile Dividendenpolitik der Banken ihre Aktien den unmittelbaren Einflüssen des Konjunkturwechsels entzogen und so die Phantasie aus den Papieren genommen hat. Nur zeitweise aus besonderen Anlässen sieht der Bankaktienmarkt heute noch größeres spekulatives Geschäft. Ein Vorgang, den wir vielleicht in absehbarer Zeit auch bei unseren großen Industriewerten werden beobachten können.

Das Interesse der Börse hat sich immer mehr auf andere Märkte konzentriert, so namentlich auf den zeitweise außerordentlich lebhaften Markt der

---

[1]) Das Jahrbuch für Handel und Industrie 1911, S. 216, schrieb: „Den Ernst der politischen Situation ließ die Börse fast unbeachtet. Auf die Entsendung eines deutschen Kriegsschiffs nach Agadir war der Markt zwar einige Tage matt, erholte sich aber wieder ohne jedes Zeichen von ernsterer Besorgnis."

Erst am 4. und 7. September 1911 hatte die Börse schwarze Tage, und dieser Rückgang ging zuerst von London und New York aus, wo die deutsche Spekulation große Verluste erlitten hatte.

Montanpapiere, unter denen der Phönix seit etwa 5 Jahren kraft seiner machtvollen Expansion die Hauptrolle spielt; den Markt der großen Schiffahrtswerte Hapag, Norddeutscher Lloyd und nicht zuletzt Hansa; den Markt, der vielleicht die größten regelmäßigen Umsätze eines einzelnen Papiers an der Berliner Börse sieht, den Markt des Spielpapiers der Welt, der Shares der Canadian-Pacific-Railway Co., der mächtigen Eisenbahn-, Land- und Schiffahrtsgesellschaft. Auch dieser Markt saugt seine Kraft aus einer weitverbreiteten und bis auf die letzte Zeit überwiegend glücklichen Spekulation des deutschen Publikums. Er bildet gleichzeitig den Hauptberührungspunkt der Berliner Börse mit der Londoner und der New Yorker Börse, und ein Hauptbetätigungsgebiet für die Arbitrage[1]) mit diesen Börsen.

Die früheren Spielpapiere der Welt, die Österreich stellte, die Lombarden (die Aktien der Österreichischen Südbahn, mit der wir alle wohl schon über den Semmering, den Brenner oder den Arlberg gefahren sind und von deren Sanierung jetzt so viel zu lesen ist), die Franzosen (die Aktien der Österreichisch-ungarischen Staatsbahn, Franzosen genannt, weil die Konzession dem nachher so berüchtigt gewordenen Crédit Mobilier in Paris erteilt war) und die Aktien der Österreichsichen Kreditanstalt sind jetzt sehr in den Hintergrund getreten.

So klein auch, für sich genommen, die Zahl der Ultimopapiere erscheinen mag, in denen ein regelmäßiges umfangreiches Geschäft stattfindet, so groß ist doch ihre Bedeutung für die Börse. Nicht nur deshalb, weil sie vielen Händlern Gelegenheit zu einer mehr oder weniger spekulativen Betätigung geben, wenngleich diese Bedeutung keineswegs zu unterschätzen ist. Denn die Händler bilden nun einmal ein wichtiges Glied in dem Organismus unserer Börse. Wünscht man, daß dieses Glied vorhanden ist und funktioniert, wenn es gebraucht wird, so muß man ihm die Möglichkeit einer dauernden Betätigung lassen, mag diese Betätigung auch vielfach nur reine Spekulation sein. Aber die großen Ultimopapiere sind die Standardpapiere der Börse, auf die sich das Hauptinteresse der Börse konzentriert, nach deren Kursen jeder zuerst fragt, in denen sich die Tendenz der Börse am schnellsten ausprägt, von deren Märkten Lust und Unlust, Hemmung und Anregung auf weite Marktgebiete übergreift. Allerdings hinken die Kassamärkte oft etwas nach, weil für sie die Orders zu einem großen Teil schon vor Beginn der Börse vorliegen, das Eingreifen der berufsmäßigen Spekulation beschränkter und ihre Tendenz daher bis zu einem gewissen Grade bereits für den Börsentag bestimmt ist.

---

[1]) d. h. der spekulativen Tätigkeit, die an verschiedenen Märkten vorhandene Kursverschiedenheiten desselben Objekts durch Käufe an der einen und Verkäufe an der anderen Stelle ausnutzt.

Jedes der Ultimopapiere hat seinen bestimmten „Markt", d. h. eine Stelle im Börsenraum, an dem sich die Interessenten zusammenfinden. Wenn Sie von der Börsengalerie in die Säle der Fondsbörse hinabblicken, so erkennen sie die Märkte der Hauptspekulationspapiere, oder, wie die Börse sich selbst ausdrückt, der Hauptspielpapiere an den dichtgedrängten Gruppen schreiender und lebhaft gestikulierender Händler, die die Hitze der Spekulation so überdeutlich vor Augen führen.

Um nachher den Zusammenhang nicht unterbrechen zu müssen, gebe ich schon jetzt einen gedrängten Überblick über die Reichsgesetzgebung, soweit sie uns für das Folgende interessiert.

Zweimal hat sich die Reichsgesetzgebung speziell mit der Börse beschäftigt. Das erstemal in dem Gesetz vom 22. Juni 1896, dem „alten" Börsengesetz. Sodann in dem Gesetz vom 8. Mai 1908, das in der Hauptsache bestimmt war, die Regelung des Börsentermingeschäfts, wie sie das alte Gesetz vorgesehen hatte, zu reformieren.

Die Regelung des Börsentermingeschäfts durch das alte Börsengesetz läßt sich in den Grundzügen mit wenigen Sätzen wiedergeben: Striktes Verbot des Börsenterminhandels in Getreide und Mehl. Striktes Verbot des Börsenterminhandels in den schon damals wichtigsten Spekulationspapieren, den Aktien von Bergwerken und Fabriken. Im übrigen völlige Rechtssicherheit für Börsentermingeschäfte, wenn beide Parteien in das Börsenregister eingetragen waren; unheilbare Unwirksamkeit, wenn auch nur eine Partei nicht eingetragen war. In das Börsenregister aber durfte sich jeder eintragen lassen, der die hohe Gebühr und die Veröffentlichung des Registers nicht scheute. Es war das System einer in das freie Belieben des einzelnen gestellten Selbstqualifikation; Gebühr und Veröffentlichung sollten einem Mißbrauch der Freiheit entgegenwirken. Es ist bekannt, daß der Verkehr von diesem Mittel der Selbstqualifikation so gut wie gar keinen Gebrauch gemacht hat. Ich erwähne hier nur die Tatsache. Infolgedessen spielte sich der Terminhandel, insoweit er überhaupt erlaubt blieb, zum großen Teil ohne rechtlich gesicherte Grundlage ab.

Etwas verwickelter ist das System des neuen Börsengesetzes und muß es sein, weil es die Mittellinie zwischen den scharf einschränkenden Vorschriften des alten Gesetzes und der vor dessen Inkrafttreten bestehenden, lediglich durch den Spieleinwand bedrohten Freiheit finden sollte. Anders wie die dem Reichstage in den Jahren 1904 und 1906 vorgelegten Entwürfe, die nur eine Abschwächung der Vorschriften des alten Gesetzes, die sogenannte „Reparatur von Treu und Glauben" bezweckten und dadurch in Systemlosigkeit verfallen mußten, hat das neue Gesetz versucht, diese Mittellinie auf Grund bestimmter wirtschaftlicher Erwägungen zu finden. Es liegt mir allerdings fern zu behaupten, daß das Gesetz zu einer wirklich befriedigenden Behandlung aller Fragen gelangt ist. Ein Gesetz, das ohne Rücksicht auf Vorhergegangenes und auf politische Konstellationen rein nach wirtschaftlichen Erwägungen aufzubauen gewesen wäre, hätte, ohne deshalb dem Geschäft größere Freiheit zu gewähren, vielleicht einfacher und klarer gestaltet werden können. Das neue Gesetz hatte aber mit bestimmten, aus dem alten Gesetz überkommenen Gedankengängen zu rechnen; ihm war durch seine Eigenschaft als Gesetz des konservativ-liberalen Blocks von vornherein der Charakter eines Kompromisses aufgedrückt.

Wie das neue Gesetz den börsenmäßigen Zeithandel in Getreide und Mehl behandelt, darauf komme ich noch kurz in anderem Zusammenhange zu sprechen. Das Verbot des Börsenterminhandels in Bergwerks- und Fabrikanteilen ist zwar aufrechterhalten, aber der Bundesrat kann Ausnahmen von diesem Verbot zustimmen. Er hat von dieser Befugnis mehrfach Gebrauch gemacht. Für das erlaubte, oder wie das Gesetz sich ausdrückt, das Börsentermingeschäft, das nicht gegen ein durch das Gesetz oder den Bundesrat erlassenes Verbot verstößt, ist das System der Selbstqualifikation ersetzt durch das System der gesetzlichen Qualifikation, d. h. das Gesetz bezeichnet selbst die Kreise, innerhalb deren es dem Börsenterminhandel Rechtssicherheit gewähren will. Es sind dies in ganz groben Umrissen die in das deutsche Handelsregister eingetragenen Kaufleute und die diesen gleichstehenden Gesellschaften, ferner Personen, bei denen man nach ihrem gegenwärtigen oder früheren Beruf hinreichende Börsenerfahrung voraussetzen kann, so daß sie weder selbst eines Schutzes noch namentlich der Markt eines Schutzes vor ihnen bedarf, und schließlich Ausländer. Letzteres ist eine Konzession an praktische Erwägungen, die schon das alte Börsengesetz machte.

Börsentermingeschäfte, deren beide Kontrahenten den vom Gesetz bezeichneten Kreisen angehören, läßt das Gesetz als solche wirksam sein. Es geht also in diesen Fällen von einer Vermutung der wirtschaftlichen Berechtigung des Geschäfts aus. Dabei bleibt es aber nicht stehen, sondern steigert in den Fällen, die es als die Regel ansieht, diese Vermutung bis zur Fiktion, indem es auch den Spieleinwand ausschließt, nämlich für Börsentermingeschäfte in solchen Wertpapieren oder Waren, die an einer deutschen Börse zum Börsenterminhandel zugelassen sind. Dem Spiel wird die Klagbarkeit versagt, weil ihm ein wirtschaftlich berechtigter Zweck fehlt, es aber dem Ernst der Rechtspflege nicht entspricht, für Forderungen aus solchen wirtschaftlich zwecklosen Verträgen Gerichte und Vollstreckungsorgane zur Verfügung zu stellen. Indem das Gesetz es unter bestimmten Voraussetzungen verbietet, einen in der Form des Börsentermingeschäfts abgeschlossenen Vertrag rechtlich als Spiel zu behandeln, fingiert es unter diesen Voraussetzungen die wirtschaftliche Berechtigung der Geschäfte.

Andererseits geht das Gesetz von einer Vermutung der wirtschaftlichen Zwecklosigkeit des Geschäfts aus, sobald einer der Vertragschließenden nicht zu den vom Gesetz qualifizierten Kreisen gehört und versagt deshalb die Klagbarkeit. Von diesem Standpunkt aus konnte es die Geltendmachung der Tatsache, daß ein klagloses Börsentermingeschäft vorliege, nicht der Einrede überlassen. Es durfte nicht in das Parteibelieben gestellt werden, ob die staatlichen Einrichtungen der Rechtspflege Zwecken dienstbar gemacht werden sollen, für die sie grundsätzlich nicht bestimmt sind. Daher mußte im Gegensatz zu den Entwürfen von 1904 und 1906 die Berücksichtigung von Amtswegen verlangt werden.

Aber die Vermutung der wirtschaftlichen Zwecklosigkeit ist nicht unwiderleglich. Sie kann, allerdings nur durch einen bestimmten Akt, widerlegt werden, nämlich wenn das Geschäft bei oder nach Eintritt der Fälligkeit von einer Seite im Einverständnis mit dem anderen Teil effektiv, also entweder durch Lieferung der verkauften Wertpapiere, oder durch Zahlung des vereinbarten Kaufpreises erfüllt wird. Dann erlangt es nachträglich volle Wirksamkeit. Die Partei, welche in dieser Weise erfüllt hat, gewinnt damit ein klagbares Recht auf die Gegenleistung. Das ist der, in der Reichstagskommission noch durch eine präzise Erklärung der Regierung[1]) erläuterte Sinn des § 57 des neuen Börsengesetzes[2]). Ein Börsentermingeschäft unterscheidet sich in einem solchen Falle im Ergebnis nicht von einem regulären Kassageschäft. Es fällt dann jeder Grund fort, es unter einem besonderen Rechte stehen zu lassen[3]).

---

[1]) Kommissionsbericht S. 67.

[2]) Eine unerwartete Auslegung hat der § 57 in einem neueren Urteil des Reichsgerichts (Bank-Archiv 1912/13, S. 300) gefunden. Das Urteil erblickt hier in einer auf Verlangen des Käufers vom Bankier vorgenommenen Prolongation die „vereinbarte Leistung", weil der Bankier nach Vornahme der Prolongation mit nichts mehr im Rückstande gewesen sei, was der Kunde von ihm zu verlangen hatte. Durch die Prolongation wird aber die vereinbarte Leistung nicht bewirkt, sondern die Erfüllung hinausgeschoben. Wenn an der Auffassung des Urteils festgehalten wird, so würden die Vorschriften des Gesetzes zu einem großen Teil unwirksam werden. Während das Reichsgericht unter dem alten Börsengesetz bestrebt war, die Absicht des Gesetzes, das Börsentermingeschäft einzuschränken, durch freie Behandlung des Gesetzestextes zur Geltung zu bringen, würde es jetzt, wenn es an seiner extensiven Auslegung festhält, gerade in der entgegengesetzten Richtung wirken.

[3]) Dies ist nicht ganz genau, weil für ein nach § 57 einseitig erfülltes Geschäft, wenn es an deutschen Börsen zum Börsenterminhandel zugelassene Waren oder Wertpapiere betrifft, durch § 58 der Spieleinwand ausgeschlossen wird, während er für ein Kassageschäft an und für sich zulässig wäre. Dieser Unterschied besteht aber nur in der Theorie; praktisch trifft das im Text Gesagte zu.

Wenn das neue Börsengesetz das nicht verbotene Börsentermingeschäft, das sich innerhalb bestimmter Kreise hält, als rechtswirksam anerkennt, ihm dagegen, sobald sich andere Personen beteiligen, die Rechtswirksamkeit versagt, so entfernt es sich noch nicht sehr von dem Standpunkte des alten Börsengesetzes. Nur überläßt das neue Gesetz es nicht mehr dem Belieben des einzelnen, ob er sich durch Eintragung in das Börsenregister die Teilnahmebefugnis verschaffen will, sondern es erklärt sozusagen, diejenigen, für welche das Börsenregister berechnet war, als von selbst in das Register eingetragen. Damit mußte das Register überhaupt wegfallen. Es hätte nur noch die bedenkliche Bedeutung haben können, solchen, denen das Gesetz die unbeschränkte Teilnahmebefugnis nicht zugestehen wollte, diese Befugnis gleichwohl zu ermöglichen.

Aber das neue Gesetz tut noch einen Schritt über das alte Gesetz hinaus. Es gibt dem im Handelsregister eingetragenen Kaufmann, d. h. dem deutschen Kaufmanne die Möglichkeit, mit dem Publikum wenigstens beschränkt wirksame Börsentermingeschäfte in Wertpapieren zu schließen, nämlich wenn er sich in bestimmter Form eine Sicherheit bestellen läßt. Dann ist er befugt, aus der Sicherheit Befriedigung zu suchen; das Geschäft ist dann selbstverständlich für ihn vollverbindlich.

Diese hier nur in den Grundzügen wiedergegebene Regelung war keineswegs ganz im Sinne der Börse. Ihren Wünschen würde die glatte Beseitigung des alten Börsengesetzes entsprochen haben. Sie hätte sich nach Erfüllung des Wunsches bald enttäuscht gesehen. Denn das Börsentermingeschäft hat nun einmal, seitdem es besteht, stets zwischen der Szylla der gesetzlichen Beschränkung und der Charybdis gestanden, von der Rechtssprechung als Spiel, das keine klagbaren Verpflichtungen erzeugt, behandelt zu werden. Wenn die Szylla der gesetzlichen Beschränkung durch einfache Beseitigung des alten Börsengesetzes geschlossen worden wäre, hätte sich die Charybdis der Zulassung des Spieleinwands wahrscheinlich nach den ersten größeren Verlusten des Publikums um so drohender geöffnet. Die weitgehende Zulassung der exception de jeu durch die französischen Gerichte rief zu ihrer Zeit alle die Erscheinungen hervor, die in Deutschland als Folge des alten Börsengesetzes beklagt wurden. In dem Roman von Zola, L'Argent, den ich stets als die beste Schilderung der Wertpapierspekulation empfehle, finden Sie sämtliche Typen von betrügerischen Spekulanten wieder, die sich nach 1896 auch bei uns eingestellt haben sollen. Vor unliebsamen Überraschungen nach dem Wiedergewinn der Freiheit wäre die Börse nur gesichert worden durch eine dem französischen Gesetz vom 28. März 1885 entsprechende Vorschrift, das, ohne das Börsentermingeschäft als solches irgendwie zu beschränken, den Spieleinwand ausschließt. Man spricht von einem Abhärtungssystem dieses Gesetzes deshalb, weil das spekulationslustige Publikum dadurch gegen die Verführung der Spekulation abgehärtet werden soll, daß ihm jede Hoffnung abgeschnitten wird, sich im Falle eines Fehlschlagens der Spekulation den Folgen entziehen zu können. Dieser Gedanke beruht auf einer durch die Erfahrung nicht gerechtfertigten Verallgemeinerung vereinzelter Fälle. Ich glaube nicht, daß in Frankreich die Spekulation beschränkter und besonnener geworden ist. Ich glaube ferner nicht, daß die Kassaspekulation bei uns irgendwie durch die Rechtswirksamkeit der Geschäfte günstig beeinflußt wird. Die Einführung dieses Abhärtungssystems erfordert jedenfalls einen sehr abgehärteten Gesetzgeber, der sich in Deutschland mit seiner verhältnismäßig noch recht jungen Wertpapierspekulation in absehbarer Zeit nicht finden wird und auch in Frankreich wohl kaum zu finden gewesen wäre, hätte sich nicht infolge des umfangreichen Terminhandels die Beseitigung des Spieleinwands als unerläßliche Voraussetzung der Aufrechterhaltung der französischen Börsenorganisation herausgestellt. Die offizielle Pariser Wertpapierbörse besteht nur aus 70 Börsenkommissionären, Agents de change genannt[1]), die ein rechtliches, tatsächlich allerdings nicht immer scharf durchgeführtes Vermittelungsmonopol für Geschäfte in den zur Côte officielle zugelassenen Wertpapieren besitzen. Sie haben die ihnen erteilten Aufträge im eigenen Namen durch Abschlüsse miteinander auszuführen. Der Agent de change,

---

[1]) Die übliche Übersetzung von Agent de change mit Makler ist nicht richtig. Auch der englische broker ist nicht Makler, sondern Börsenkommissionär, und zwar in Reinkultur. Die Funktion des Maklers versieht in London der Dealer. In Paris ist diese Funktion bei der geringen Zahl der Börsenkommissionäre und der starken räumlichen Konzentration des Handels entbehrlich. Ganz verkehrt ist die Übersetzung von Agent de change mit „Wechselmakler". Für den Handel mit Wechseln besteht in Paris, ebenso wie in London, eine besondere Organisation. Bei uns dienen die Wertpapierbörsen auch dem Handel mit Wechseln, weil unseren Wertpapierbörsen im Gegensatz zu Frankreich, England und auch Amerika eine bestimmte, die Tätigkeit des einzelnen regelnde Organisation fehlt. Sie sind hauptsächlich freie Zusammenkünfte von Bankiers und Bankvertretern, neben denen die reinen Börsenhändler, Makler und Eigenhändler nur eine dienende Stellung haben, während sie, allerdings in anderer Ausbildung, in Frankreich, England und Amerika die Börse bilden, die Börse ihre Einrichtung ist. Infolgedessen stehen in den genannten Ländern die Börsen der Bankwelt ebenso selbständig gegenüber wie dem Publikum. Bei uns beherrscht die Bankwelt die Börsen. Die deutschen Börsen sind daher ganz andere Institutionen wie die ausländischen. Ich weise hier nur auf diese Tatsache hin, enthalte mich aber jeder Kritik. Daß bei den Zusammenkünften von Bankvertretern und Bankiers alle Geschäfte erledigt werden, die sich zweckmäßig bei den täglichen Zusammenkünften erledigen lassen, ist selbstverständlich. Der Handel an den deutschen Börsen ist daher vielseitiger als an den ausländischen.

der den Auftrag eines Kunden durch Abschluß mit einem anderen Agent de change ausgeführt hat, ist nicht befugt, seinen Kunden auf den Kunden des anderen Agent de change, für dessen Rechnung dieser abschloß, zu verweisen. Er haftet seinem Kunden und dem anderen Agent de change persönlich. Diese Organisation, die zu einer Zusammendrängung des größten Teils der spekulativen Engagements eines ganzen Volkes bei wenigen für jedes Geschäft selbst haftenden Börsenkommissionären führt, ist nicht haltbar, wenn der überwiegende Teil der vermittelten Geschäfte keine Rechtssicherheit genießt. Wird der Spieleinwand, in dem Umfang, wie es die französischen Gerichte taten, zugelassen, so kommt dies praktisch darauf hinaus, daß die Agents de change, denen die Börsendisziplin die Erhebung des Spieleinwands versagt, zwar alle den Kunden geschuldeten Differenzen bezahlen müssen, aber bei der Einziehung der ihnen selbst geschuldeten Differenzen auf Schwierigkeiten stoßen. Jede größere Börsenkrise kann dann zu einer Schwächung der Agents de change führen. Ihre unerschütterliche Zahlungsfähigkeit bildet aber die notwendige Voraussetzung des Vermittelungsmonopols. Dies war der Nation in der furchtbaren Krise des Jahres 1882, die den Namen des wilden Gründers Bontoux, Zola's Saccard trägt, deutlich vor Augen geführt worden. Damals geriet selbst die reiche Compagnie des agents de change de Paris ins Wanken und die Sorge, von ihren Kommittenten im Stich gelassen zu werden, veranlaßte die Agents de change, auf Glattstellung der Hausseengagements zu dringen, was natürlich die Krise noch verschärfte.

Solche Gesichtspunkte kommen bei uns nicht in Frage. In Deutschland genießt der Wertpapierhandel völlige, durch kein Gesetz und durch keine Verkehrssitte eingeschränkte Freiheit. Unsere Börsen sind aber nur recht lose Organisationen. Auch soweit sie, wie die Berliner Börse[1]) tatsächlich zu Spezialbörsen geworden sind und den Zutritt zu den Börsenversammlungen, allerdings sehr wenig wirksam, beschränkt haben, können sie ihre Entstehung aus freien Versammlungen der Kaufmannschaft nicht verleugnen[2]).

---

[1]) im Gegensatz zu der Hamburger Universalbörse.

[2]) Siehe die Kritik der Berliner Börsenorganisation in den Aufsätzen von Max Weber, Die Ergebnisse der deutschen Börsenenquete, Zeitschr. f. Handelsrecht, Bd. 43, S. 83ff., insbesondere S. 116. An diese Aufsätze, die zu dem Besten gehören, was in Deutschland über die Börse veröffentlicht worden ist, möchte ich auch bei dieser Gelegenheit erinnern. — Man hat es als einen der wenigen Vorzüge des alten Börsengesetzes bezeichnet, daß es sich hinsichtlich der Fragen der Börsenorganisation auf die Anerkennung der bestehenden Verhältnisse beschränkt habe. M. E. liegt darin eher eine Schwäche des Gesetzes. Die Börsen, schon durch die Agitation gegen die den Terminhandel beschränkenden Vorschriften stark absorbiert und geneigt, alle Übelstände auf diese Vorschriften zurückzuführen, wurden dadurch noch mehr gehindert, an die Fortbildung ihrer Organisation zu

Aber es ist bezeichnend, daß auch in Frankreich die Gerichte immer wieder versucht haben, dem Spieleinwand auf Umwegen Geltung zu verschaffen[1]).

Die Zulassung des Spieleinwands gegenüber Börsentermingeschäften ist jedenfalls keine Erfindung „weltfremder" deutscher Richter. Die französische Rechtsprechung war, wie wir sahen, schon lange auf diesem Standpunkte angelangt, als die deutsche Rechtsprechung unter der Führung des Reichsoberhandelsgerichts dem Spieleinwand noch keineswegs günstig war. Dieses Gericht ging davon aus, daß Kauf und Spiel zwei verschiedene Vertragstypen seien, mit verschiedenen objektiven Begriffsmerkmalen, daß Kauf als solcher niemals Spiel sein könne, weil er in abstracto wirtschaftlichen Zwecken dient, mag er auch im Einzelfall noch so wenig wirtschaftlichen Zwecken dienstbar gemacht werden, während Spiel ein seinem objektiven Vertragsinhalt nach wirtschaftlich zweckloser Vertrag sei. Ein nach dem wirklichen Vertragswillen vorliegender Kauf kann nach dieser Theorie wohl Spiel im wirtschaftlichen Sinne, dagegen nie Spiel im Rechtssinne sein und muß daher rechtlich als Kauf behandelt werden.

Wenn mit dieser Theorie Ernst gemacht wird, so bedeutet sie eher einen Schutz für das Börsentermingeschäft als eine Gefahr. Diese Rolle hat sie in der Tat in der Rechtsprechung des Reichsoberhandelsgerichts und bis Anfang der neunziger Jahre des vorigen Jahrhunderts auch des Reichsgerichts gespielt.

Wie die Börsengesetzgebung vielfach dem Druck der öffentlichen Meinung hat nachgeben müssen, so hat sich auch die Rechtsprechung diesem Einflusse nicht entziehen können. Die dem Spieleinwande so wenig günstige Rechtsprechung des Reichsoberhandelsgerichtes war gewiß nicht unbeeinflußt durch die unerfreulichen Erscheinungen, die die Zulassung des Spieleinwands durch die österreichischen Gerichte nach dem Börsenkrach von 1873 gezeitigt hatten und die den schon erwähnten Vorgängen nach dem Bontouxkrach in Frankreich ähnelten[2]).

---

denken und sich in dem trotz Börsengesetz eintretenden gewaltigen Aufschwung des Wertpapiergeschäfts ihre Stellung zu wahren. Diese Versäumnis wird kaum wieder gutzumachen sein. Das alte bureaukratische Regiment in Preußen war weitsichtiger als die Reichsgesetzgebung. An die Verordnung vom 24. Mai 1844, die zur Unterdrückung des Eisenbahnschwindels das Zeitgeschäft in nicht vollgezahlten Aktien, Aktienpromessen usw. verbot, sollte sich ein Gesetz schließen, das den Börsen eine festere Organisation gab. Leider wurde der Plan gegenüber dem Widerspruch der beteiligten Handelsvertretungen aufgegeben.

[1]) Oscar Bloch, Avocat à la cour d'Appel de Paris, La Réforme des Bourses de Marchandises en France et l'organisation de ces Bourses en Allemagne. Paris 1912. S. 79.

[2]) Auch die Gesetzgebung zog ähnliche Folgerungen. Das österreichische Gesetz vom 1. April 1875 bestimmte im § 9, daß bei der Entscheidung von Rechtsstreitigkeiten aus Börsengeschäften die Einwendung, daß dem Anspruche ein als

Es war auch gewiß kein Zufall, daß das Reichsgericht den bekannten Frontwechsel gegenüber der Behandlung des Spieleinwands zu einer Zeit vornahm, in der, wieder nach einer Börsenkrise, der öffentliche Unwillen rege wurde, sich aber dieses Mal nicht gegen das spekulierende Publikum, sondern gegen die Börse richtete[1]). Das Reichsgericht zerriß aber nicht die Fäden der Theorie, sondern sein Frontwechsel bestand darin, daß es immer geneigter wurde, aus äußeren Umständen, denen früher keine Bedeutung beigelegt worden war, den Beweis zu entnehmen, daß die bei dem Vertragsschlusse gebrauchten Worte nicht dem wahren Willen der Parteien entsprächen, daß in Wahrheit nicht Kauf, sondern ein reines Differenzgeschäft gewollt sei. Den Inhalt eines solchen Differenzgeschäfts hat das Reichsgericht noch nach seinem Frontwechsel in einem Urteil vom 19. Dezember 1894 (Entscheidungen in Zivilsachen Bd. 34, S. 91) dahin präzisiert: „Der Käufer kauft zwar nicht und der Verkäufer verkauft nicht, aber beide verabreden, es sollen zwischen ihnen dieselben Wirkungen nach Maßgabe der Börsenusancen bezüglich der Differenzregulierung am Stichtage eintreten, als ob gekauft und verkauft, aber nicht abgenommen oder nicht geliefert wäre. Natürlich können Auftraggeber und Beauftragter dasselbe verabreden. Der Beauftragte hat zwar einen Auftrag zum effektiven Ankaufe nicht erhalten, Parteien verabreden aber, es sollen zwischen ihnen dieselben Wirkungen eintreten, als wenn der Beauftragte einen solchen Auftrag erhalten und zum Börsenkurse die betreffenden Termingeschäfte ausgeführt, am Stichtage aber für Rechnung des Auftraggebers durch ein Gegengeschäft zum Börsenkurse erledigt hätte."

Das Reichsgericht konstruiert also in dieser Entscheidung das reine Differenzgeschäft noch als einfache Kurswette, bei der über den Gewinn der einen und den Verlust der anderen Partei der Kurs am Stichtage, also an einem festbestimmten Termin, entscheidet[2]). Es entsprach dies der damals herrschenden Theorie. Auch der Reichsgerichtsrat Bähr formulierte im § 705 seines Gegenentwurfs zum Bürgerlichen Gesetzbuche wie folgt:

Wette oder Spiel zu behandelndes Differenzgeschäft zugrunde liege, unstatthaft ist. Nach § 13 gelten aber als Börsengeschäfte nur im Börsenlokal während der Börsenzeit geschlossene Geschäfte. Im Verhältnis zwischen dem Kommissionär und dem Privatkunden wird die Vorschrift nicht angewendet.

[1]) Zu vgl. Dr. Hermann Veit Simon, Zur Frage der Klagbarkeit der Differenzgeschäfte. Zeitschr. f. d. Gesamte Handelsrecht, Bd. 41, S. 455ff.

[2]) Siehe auch Urteil des Reichsgerichts vom 19. November 1892, Entsch. in Z.-S. Bd. 30, S. 219: „Die Aussage läßt nach ihrem Zusammenhange gar keinen Zweifel darüber, daß mit der Differenz der Kurse zwischen dem Einkaufstage und dem Verkaufstage die Differenz der Kurse zwischen dem Abschlußtage und dem Ultimo gemeint ist.

„Ein in Form eines Lieferungsvertrags über eine kursmäßig gehandelte Ware abgeschlossener Vertrag, der lediglich darauf gerichtet ist, daß der eine dem andern die an dem festgesetzten Lieferungstage bestehende Differenz zwischen dem bedungenen und dem kursmäßigen Preise der Ware herauszahle (Differenzgeschäft), ist als Wette anzusehen."

Ich habe wörtlich zitiert, um zu zeigen, daß diese Auffassung des Differenzgeschäfts bei dem § 764 des Bürgerlichen Gesetzbuchs, der von der Reichstagskommission eingeschoben wurde, Pate gestanden hat. Man vergleiche den Wortlaut:

„Wird ein auf Lieferung von Waren oder Wertpapieren lautender Vertrag in der Absicht geschlossen, daß der Unterschied zwischen dem vereinbarten Preise und dem Börsen- oder Marktpreise der Lieferungszeit von dem verlierenden Teil an den gewinnenden Teil gezahlt werden soll, so ist der Vertrag als Spiel anzusehen."

Es handelt sich also keineswegs nur um eine ungeschickte Formulierung. Sondern der Wortlaut deckt sich ganz mit dem, was der Gesetzgeber sagen wollte. Dies darf bei der Auslegung des § 764 nicht vergessen worden. Ich komme noch darauf zurück[1]).

Die sich häufenden Prozesse aus Spekulationen übelster Art mußten eine nicht in Formalismus befangene Rechtsprechung dazu drängen, einen Ausweg zu suchen, der gestattete, ein solches Spiel im wirtschaftlichen Sinne auch rechtlich als Spiel zu behandeln. In dem vorher zitierten Falle handelte es sich um umfangreiche Spekulationen eines Referendars und zweier Damen in Kaffee, Baumwolle und Zucker an der Hamburger Terminbörse. Das Beispiel der ganzen kontinentalen Rechtsprechung, soweit ihr nicht die Berücksichtigung des Spieleinwands untersagt wurde, zeigt, daß die Gerichte, sobald sie, infolge der Teilnahme weiterer Kreise am Börsengeschäft, häufiger mit solchen Fällen befaßt werden, immer wieder dahin streben, Spiel im wirtschaftlichen Sinne auch im Rechtssinn als Spiel zu behandeln. Aber das Reichsgericht hielt leider an der Theorie von der Verschiedenheit des objektiven Tatbestandes von Kauf und Spiel fest, mußte deshalb zu der Konstruktion des reinen Differenzgeschäfts greifen, und, um mit dieser Konstruktion zu dem von dem Rechtsgefühl verlangten Ergebnis zu gelangen, einen ganzen Katalog von Umständen aufstellen, aus denen auf das Vorliegen eines reinen Differenzgeschäfts geschlossen werden sollte. Das machte eben seine Urteile rechtlich so anfechtbar und für die Börse so unverständlich. Denn bei näherem Zusehen erwiesen sich entweder die angeblich für das Vorliegen von Spiel konkludenten Umstände als

[1]) Unten S. 20ff.

nicht ausschlaggebend oder man sah sich vor die Frage gestellt, warum gerade diesen Umständen solche Bedeutung beigemessen wurde, anderen dagegen nicht. Und die Börse weiß es ja, wie schon so viele Male seit Beginn der neuen Rechtsprechung gesagt worden ist, zu genau, daß in ihrem regulären Verkehr jeder, der per ultimo verkauft hat, auch am Ultimo liefern muß und daß jeder, der per ultimo gekauft hat, auch am Ultimo abnehmen und zahlen muß, wenn er sein Engagement nicht auf einen anderen übertragen hat. Sonst wäre es nicht verständlich, warum so häufig die in die Enge getriebenen Baissiers gegen Monatsschluß durch Deckungskäufe die Kurse hinauftreiben oder umgekehrt die Haussiers durch Entlastungsverkäufe die Kurse drücken. Das ganze Geschäft ist überhaupt nur denkbar, unter der Voraussetzung einer absoluten Rechtspflicht, zu liefern oder abzunehmen, die man nicht umgehen kann, sondern der man selbst genügen oder durch einen anderen, an den man weiter verkauft hat oder von dem man gekauft hat, genügen lassen muß.

Ob nicht gleichwohl reine Differenzgeschäfte in dem oben wiedergegebenen Sinne vorkommen, wenn auch nicht im regulären Börsenverkehr, so doch im Verhältnis zwischen Kommissionär und Kommittenten, wollen wir hier nicht untersuchen.

Nun wird man sich kaum auf den Standpunkt stellen dürfen, daß es nicht auf die juristische Konstruktion ankommt, sondern darauf, daß der Einzelfall, gleichviel mit welcher Begründung, dem Rechtsgefühl entsprechend entschieden wird. Denn auf die Dauer wird die Rechtsprechung nicht in der Lage sein, eine bedenkliche Konstruktion immer nur dann anzuwenden, wenn sie zu einem richtigen Ergebnis führt. Man weiß nicht, wohin sie auf der eingeschlagenen Bahn schließlich kommen wird, und man weiß ebensowenig, ob sie auf der so unsicheren Bahn bleiben wird.

Sie kann zu Konstruktionen kommen, die auch bei dem wirtschaftlich berechtigten Geschäft oder wenigstens bei dem Geschäft, dessen Gefährdung aus bestimmten, außerhalb des Einzelfalls liegenden Gründen allgemeiner Natur nicht erwünscht ist, zutreffen, die aber dann nicht abgelehnt werden können.

Nach den Erfahrungen der Vergangenheit ist auch eine andere Entwicklung möglich. Die Befürchtung, sonst kein Halten mehr zu finden, oder auch ein Umschwung der öffentlichen Meinung kann die Rechtsprechung veranlassen, wieder kehrtzumachen und sich auf einen streng formalistischen Standpunkt zurückzuziehen.

Ich habe auf das Schwanken der Rechtsprechung und die Unsicherheit der Entwicklung hingewiesen, um klarzulegen, warum in dem neuen Gesetz der naheliegende Gedanke nicht verfolgt werden durfte, den Begriff des Börsentermingeschäfts überhaupt, wenigstens für den

Wertpapierhandel fallen zu lassen, lediglich mit dem Begriff des Spiels zu operieren und dem Geschäft, gleichgültig, ob Zeitgeschäft oder Kassageschäft, in demselben Umfange Sicherheit gegen den Spieleinwand zu gewähren, in dem jetzt das Börsentermingeschäft für wirksam erklärt ist[1]).

Nahm der Gesetzgeber den Standpunkt ein, daß der Börsenterminhandel außerhalb gewisser Grenzen wenigstens nicht durch Gewährung von Rechtssicherheit gefördert werden dürfe, so konnte er die Wahrung dieses Standpunktes nicht ganz allgemein der Rechtsprechung über den Spieleinwand übertragen, sondern mußte das Börsentermingeschäft als solches für unwirksam erklären. Es sei denn, er hätte der Rechtsprechung über den Spieleinwand bestimmte Direktiven geben können. Diese Direktiven würden aber wahrscheinlich kaum anders haben lauten können, als daß ein Börsentermingeschäft unter bestimmten Voraussetzungen als Spiel anzusehen sei, was im Grunde nur auf eine etwas umständlichere Ausdrucksweise hinausgekommen wäre.

Nahm der Gesetzgeber andererseits den Standpunkt ein, daß innerhalb gewisser Grenzen der Terminhandel wirtschaftlich erwünscht ist, oder daß wenigstens die Benutzung der Handelsform des Börsentermingeschäfts der Benutzung anderer Geschäftsformen, die dem Spieleinwand praktisch unzugänglich sind, aus bestimmten Gründen vorzuziehen ist, so hatte er ferner die Aufgabe, das Börsentermingeschäft insoweit auch vor dem Spieleinwande zu schützen.

So und nicht anders mußte verfahren werden und ist auch verfahren worden.

Das Gesetz hat den Spieleinwand in der Hauptsache gegenüber dem Börsentermingeschäft beseitigt, insoweit es das Börsentermingeschäft als solches wirksam sein läßt und im übrigen das Börsentermingeschäft als solches für unwirksam erklärt[2]).

Wenn der Spieleinwand gegenüber einem Börsentermingeschäft zulässig bleibt, das schon als solches unwirksam ist, so hat dies kaum praktische Bedeutung. Der Fall erledigt sich dann von selbst.

Gegen Börsentermingeschäfte, die das Gesetz als solche wirksam sein läßt, kommt der Spieleinwand allerdings noch in zwei Gruppen von Fällen in Frage; nämlich, wenn das Geschäft Waren oder Wert-

---

[1]) Vgl. neuerdings wieder Nußbaum, Der Spieleinwand beim Kassageschäft, Bank-Archiv vom 15. Juni 1912, S. 295.

[2]) Daß unter gleichen Voraussetzungen der Spieleinwand gegenüber dem Kassageschäft zulässig bleibt, wird kaum von der Praxis als „unsinnig“ (so Nußbaum a. a. O.) empfunden werden. Das Kassageschäft hat sich bisher gegenüber dem Spieleinwand nicht als schutzbedürftig gezeigt. Daß die doch im wesentlichen nur theoretische Möglichkeit des Spieleinwands gegenüber dem Kassageschäft der Theorie gewisse Schwierigkeiten bereiten würde, konnte nicht dazu veranlassen, das schon genügend belastete Gesetz noch mit dieser Frage zu belasten.

papiere betrifft, die an einer deutschen Börse tatsächlich auf Termin gehandelt werden, ohne daß sie von dem Börsenvorstande nach den Vorschriften des Gesetzes zum Börsenterminhandel zugelassen sind, und wenn das Geschäft Waren oder Wertpapiere betrifft, die nur an einer ausländischen Börse auf Termin gehandelt werden, gleichviel ob dort eine formelle Zulassung zum Terminhandel erfolgt ist oder nicht[1]).

Daß der nicht offizielle Börsenterminhandel an deutschen Börsen den Schutz vor dem Spieleinwand nicht genießen soll, ist in der Begründung zu dem Entwurfe des neuen Gesetzes ausdrücklich gesagt.

Das Gesetz betrachtet einen solchen freien Terminhandel, sofern er nicht einen Gegenstand betrifft, der nicht auf Termin gehandelt werden darf, keineswegs an sich als ein Übel. Im Gegenteil erlaubt es dem Börsenvorstande, ihn unter Umständen gewähren zu lassen, als Vorstufe für den offiziellen Handel (§ 51, Abs. 1, Satz 3). Aber es wünscht nicht, daß ein Terminhandel, der sich frei bildet, ungeprüft auf seine Zweckmäßigkeit und auf die Zweckmäßigkeit seiner Geschäftsbedingungen, und der sich ohne amtliche Kursnotierung abspielt, hinausdringt über die zur Branche gehörigen Kreise. Für die zur Branche selbst gehörigen Kreise, also bei Wertpapieren für den berufsmäßigen Wertpapierhandel, bei Waren die Kreise, die als Händler, Produzenten und Verarbeiter am Großhandel beteiligt sind, hielt es nach der bisherigen Rechtsprechung einen besonderen Schutz gegen den Spieleinwand nicht für erforderlich, weil bisher die Zugehörigkeit zu diesen Kreisen als Grund gegen die Annahme von Spiel angesehen worden war.

Daß aber der § 58 des neuen Gesetzes, um den es sich hier handelt, auch für Börsentermingeschäfte an auswärtigen Börsen die vorher angegebene Tragweite hat, ist von dem Reichsgericht richtig erkannt worden. In den offiziellen Gesetzesmaterialien findet sich freilich kein ausdrücklicher Hinweis. Wohl aber ist ein solcher Hinweis in einem offiziösen Leitartikel der Norddeutschen Allgemeinen Zeitung zu finden, der am Tage der Einbringung des Gesetzentwurfs zur allgemeinen Orientierung veröffentlicht wurde. Hier heißt es klipp und klar:

> „Der inoffizielle, durch den Börsenvorstand nicht reglementierte Börsenterminhandel sowie der Börsenterminhandel an ausländischen Börsen sollen also diese Sicherung (gegen den Spieleinwand) nicht genießen.“ (Nr. 276 vom 24. Nov. 1907.)

---

[1]) Schärfer wäre der Gedanke zum Ausdruck gekommen durch eine Vorschrift, daß der Spieleinwand ausgeschlossen ist, wenn das Geschäft nach Bedingungen geschlossen ist, die der Börsenvorstand (einer deutschen Börse) für den Börsenterminhandel festgesetzt hat. Das Bedenken, daß dann schon kleine Abweichungen von den festgesetzten Bedingungen Rechtsunsicherheit zur Folge haben könnten, wäre wohl unbegründet, da das Wesen des Börsentermingeschäfts solche Abweichungen ausschließen dürfte.

Wie berechtigt dieser Standpunkt des Gesetzes ist, bewies gerade der Fall, auf Grund dessen das erste Urteil des Reichsgerichts[1]), das zu Unrecht große Aufregung hervorrief, erging. Es handelte sich nämlich um Terminspekulationen eines Detailhändlers an der Chikagoer Börse in Schmalz, denen nach dem leider nicht vollständig veröffentlichten Tatbestande für jedermann ersichtlich ein wirtschaftlich berechtigter Zweck gar nicht zugrunde liegen konnte. Wenn das Gesetz bei dem Terminhandel an deutschen Börsen weitgehende Freiheit gewährt, so tut es dies nur im Interesse des deutschen Handels. Es hatte keinen Anlaß, wirtschaftlich ganz zwecklose Geschäfte, wie es die reinen Preisspekulationen dieses Detaillisten waren oder z. B. eines Porzellanhändlers in afrikanischen Minenshares an der Londoner Börse wären, bei denen sich das deutsche Interesse auf die Provision beschränkt, welche der oder jener Kommissionär oder Remisier verdient, gleichfalls zu privilegieren. Das Gesetz betrachtet die Spekulationen des branchefremden deutschen Publikums an auswärtigen Börsen als eine schlechthin unerwünschte Erscheinung, die es wenigstens nicht noch dadurch fördern will, daß es ihr völlige Rechtssicherheit verleiht. Zu dem branchefremden Publikum gehört, wenn es sich um den Großhandel in Schweineschmalz handelt, der Delikateßwarenhändler und für afrikanische Minenshares der Porzellanhändler ebensogut wie der Beamte oder der Rentier.

In den beiden soeben besprochenen Gruppen von Fällen ist dem Spieleinwand die Rolle eines Korrektivs zugewiesen gegenüber der nur im Interesse des offiziellen Terminhandels an deutschen Börsen weitgezogenen Grenze der termingeschäftsfähigen Kreise. Daß dieser Ausweg seine großen Bedenken hatte, ist nach dem vorher Gesagten klar. Der andere Ausweg, die besondere, engere Abgrenzung der termingeschäftsfähigen Kreise für den nichtoffiziellen Handel hätte aber das schon genügend komplizierte Gesetz noch unübersichtlicher gemacht. Es ist ein Unterschied, ob das ganze Gesetz auf dem Spieleinwand aufgebaut wird oder ob dem Spieleinwande nur ein begrenztes Anwendungsgebiet belassen bleibt. Man durfte hoffen, daß die Rechtsprechung auf diesem beschränkten Anwendungsgebiet bei richtiger Würdigung der Grundgedanken des Gesetzes nicht entgleisen würde. Denn es ist doch nur die Fiktion der wirtschaftlichen Berechtigung beseitigt. Die Vermutung ist aufrecht erhalten und, wo sie nicht durch den klaren Tatbestand widerlegt wird, konnte auf ihre Beachtung gerechnet werden.

Leider ist es neuerdings zweifelhaft geworden, ob diese Rechnung stimmt, ob es nicht besser gewesen wäre, die Übersichtlichkeit des Gesetzes zu opfern und zwar infolge der Auslegung, die der § 764 des

---

[1]) Vom 14. Juni 1911, Entsch. in Z.-S. Bd. 76, S. 371.

Bürgerlichen Gesetzbuchs findet. Der Gegenstand ist wegen der Betätigung unseres Handels im Auslande zu wichtig, als daß ich an ihm vorbeigehen dürfte, obwohl ich dabei auf das Gebiet des Warenterminhandels kommen und späteren Ausführungen vorgreifen muß.

In einer mir bekannt gewordenen Entscheidung handelte es sich um folgendes: Ein deutscher Baumwollspinner hatte durch einen englischen Kommissionär größere Terminverkäufe an der Liverpooler Baumwoll-Terminbörse geschlossen, die er nachher durch Käufe zu höheren Kursen, also mit Verlust, gedeckt hatte. Auf die Differenz verklagt, machte er geltend, daß es sich um Differenzgeschäfte im Sinne des § 764 des Bürgerlichen Gesetzbuchs gehandelt habe. Das Landgericht wies die Klage ab, weil der Beklagte als Spinner nur Garne verkaufen könne, eine effektive Lieferung der verkauften Baumwolle für ihn also gar nicht in Frage gekommen sei. Damit entfalle der Charakter des Effektivgeschäfts und es bleibe nur noch der Charakter des Differenzgeschäfts. (So heißt es wirklich!) Welchem Zweck die Geschäfte gedient hätten, etwa dem Zwecke der Preissicherung für lagernde Garnvorräte, sei für den Charakter der Gechäfte als Differenzgeschäfte gleichgültig. — Der Prozeß ist später durch Vergleich erledigt worden. Ob das Reichsgericht sich dieser Argumentation angeschlossen haben würde, steht dahin. Immerhin zeigt das Urteil, wohin die durch das Reichsgericht dem § 764 des Bürgerlichen Gesetzbuchs jetzt gegebene Auslegung führt. Das Reichsgericht will nämlich ein reines Differenzgeschäft schon dann annehmen, wenn die Parteien sich darüber einig sind, daß es zur Lieferung der Ware nicht kommen werde, sondern das Engagement nach der Technik der Börsengeschäfte durch ein Gegengeschäft beendet und lediglich der sich zwischen dem ursprünglichen Vertragspreise und dem Vertragspreise des Gegengeschäfts ergebende Unterschied gezahlt werden solle. Der Wortlaut des § 764, der, wie vorher (S. 15) bemerkt, im Anschluß an das Urteil des Reichsgerichts im 34. Bande auf den Preis des Stichtags, also einer vorher festbestimmten Zeit abstellt, ist damit verlassen. An Stelle des Preises des Stichtages wird der bei einem Gegengeschäft, dessen Zeitpunkt die eine Partei nach freiem Ermessen bestimmt, erzielte Preis gesetzt. Damit ist die Rechtsprechung in der Tat zu einer Konstruktion gelangt, die dem berechtigten Geschäft gefährlich werden muß.

Die Baumwollspinnerei ist wegen der großen, schnellen Schwankungen der Baumwollpreise ein sehr riskantes Gewerbe. Ist der Spinner genötigt, Baumwolle zu kaufen, ohne gleichzeitig Garn vorverkaufen zu können, oder stockt der Absatz, bleibt er auf größeren Posten Garn sitzen, so steht er in einer gefährlichen Spekulation à la Hausse. Ein Fallen der Baumwollpreise kann ihm großen Verlust an seinem Fabrikat bringen. Ist er nicht kapitalkräftig genug, um den Ausgleich der Risiken in sich zu ertragen, so wird er versuchen, einen Gegenposten zu schaffen, der ihm zwar den möglichen Gewinn aus einer durch Steigerung der Baumwollpreise herbeigeführten Steigerung der Garnpreise wieder nehmen oder schmälern muß, aber ihn andererseits dagegen sichert, daß ihm sein Fabrikationsgewinn durch eine ungünstige Bewegung der Baumwollpreise verloren geht. Er will ja nicht durch Spekulation sondern durch Fabrikation verdienen. Diesen Gegenposten kann er sich schaffen, in dem er eine entsprechende Menge Rohbaumwolle am Terminmarkte verkauft, um sie zu gegebener Zeit, sei es mit Verlust, sei es mit Gewinn, am Terminmarkt zurückzukaufen. Er wird z. B. zurückkaufen, wenn er einen Abschluß in Garnen an eine Weberei machen kann. War der Baumwollpreis mittlerweile gefallen, so hat er am Terminmarkt die Differenz verdient, um die er teurer verkauft als zurückgekauft hat. Dieser Gewinn wird es ihm ermöglichen, bei der Stellung seines Garnpreises ohne Verlust so weit herabzugehen, als ob er den Rohstoff zu dem niedrigen Preise der Baumwolle zur Zeit der Deckung des Terminengagements und nicht zu dem höheren Preise zurzeit des tatsächlichen Einkaufs beschafft hätte. Oder er wird zurückkaufen, wenn ausgesprochene Haussemomente am Rohstoffmarkt in Erscheinung treten, er also eine weitere Preissicherung nicht mehr für erforderlich hält, die Fortsetzung des Engagements am Terminmarkt ihm also nur zwecklos Verlust bringen kann. Überhaupt wird er das Engagement am Terminmarkt nicht mechanisch behandeln, sondern, je nach seiner Meinung, Verluste am Terminmarkt zu begrenzen und Gewinne mitzunehmen suchen, wie er auch beim effektiven Einkauf des Rohstoffs und beim Verkauf der Garne nicht mechanisch, sondern kaufmännisch verfährt. Es ist daher klar, daß er sich für die Deckung seines Terminegagements nicht im voraus auf eine bestimmte Zeit festlegt, sondern die Entscheidung über den geeigneten Zeitpunkt in der Hand behält.

Eine andere Absicht, als sein Engagement am Terminmarkt durch ein Gegengeschäft aufzulösen, kann er aber verständigerweise gar nicht haben und sein Kommissionär kann verständigerweise keine andere Absicht bei ihm voraussetzen. Es soll also nicht zur Lieferung der am Terminmarkt verkauften Ware durch den Spinner kommen, sondern es soll während des schwebenden Engagements nach der Technik der Börsengeschäfte durch ein Gegengeschäft, dessen Zeitpunkt der Spinner bestimmen wird, der Unterschied zwischen dem Preis zur Zeit des Abschlusses des ersten Geschäfts und zur Zeit des Gegengeschäfts berechnet und gezahlt werden. Dieser Unterschied bildet gerade den Gegenposten.

Freilich wäre es denkbar, daß der Spinner, wenn er den Zeitpunkt für Beendigung des Engagements gekommen glaubt, die effektive

Baumwolle durch den Kommissionär oder anderwärts am Effektivmarkt aufkaufen ließe, um sie bei Eintritt der Lieferungszeit am Terminmarkt andienen, d. h. liefern zu lassen. Damit wäre, allerdings in der Regel etwas teurer, der nämliche Effekt zu erzielen wie durch den einfachen Rückkauf am Terminmarkte; die Anwendung des § 764 des Bürgerlichen Gesetzbuchs aber würde ausgeschlossen. Nur wäre dieses Verfahren sinnlos. Wie das Landgericht ganz richtig hervorhob, wird ein Spinner niemals Rohbaumwolle effektiv verkaufen. Es kann ihm auf den Umsatz von Rohbaumwolle ohne Bearbeitung nicht ankommen. Die Manipulation am Effektivmarkte zur Auflösung des Terminengagements würde ein zweckloses Spazierenfahren der Ware oder eine unnütze Inanspruchnahme der effektiven Vorräte bedeuten.

Man wird hiernach wohl fragen dürfen, was das für eine Gesetzesauslegung ist, die ein Geschäft mit möglicherweise sehr berechtigtem wirtschaftlichen Zweck in Gefahr bringt, als Spiel behandelt zu werden, lediglich deshalb, weil eine für diesen Zweck überflüssige Maßregel unterbleibt. Der Ausspruch, daß, wenn der Charakter des Effektivgeschäfts entfällt, nur noch der Charakter des Differenzgeschäfts bleibt, geht von einer recht plumpen Auffassung der Güterbewegung aus, die einem modernen Gesetz nicht unterstellt werden sollte. Es bedarf doch wirklich keiner Darlegung, daß Geschäfte dem Güterumlauf in mannigfacher Weise dienen können, ohne unmittelbar auf eine Warenbewegung abzuzielen.

Der § 764 spricht ausdrücklich von Spiel. Wer gegen Preisschwankungen Deckung sucht, spielt nicht. „Hier handelt es sich nicht um ein Spiel ins Blaue, sondern um eine Sicherung gegen Kursverluste, die aus realen Geschäften hervorgeht und realen Zwecken dient; und nur eine ganz formelle Jurisprudenz könnte in solchem Versicherungsgeschäft ein Spiel erblicken", so schrieb Kohler im Jahre 1894[1]). Ein Beispiel einer solchen „ganz formellen" Jurisprudenz haben wir eben kennengelernt.

Wie wir sahen, beruht der § 764 auf der Theorie von der Verschiedenheit des objektiven Tatbestandes von Kauf und Spiel. Das ist bei der Auslegung zu berücksichtigen. Diesem Gesichtspunkt kann nur durch Rückkehr zu einer wortgemäßen Auslegung entsprochen werden. Nach diesem Wortlaute handelt es sich um die einfache Kurswette, bei der die Parteien gegeneinander wetten und der Kursstand zur vereinbarten Lieferungszeit, also zu einem im voraus fest bestimmten Zeitpunkt darüber entscheidet, wer der „gewinnende" und wer der „verlierende" Teil ist.

Nur dieser einfachen Kurswette haftet ohne weiteres der Charakter

---

[1]) Das Börsenspiel. Berlin, Carl Heymanns Verlag. 1894.

des wirtschaftlich Zwecklosen an. Sie ist in der Tat nach ihren objektiven Tatbestandsmerkmalen wirtschaftlich zwecklos, so daß sie der Gesetzgeber, wie es im § 764 des B.G.B. geschieht, ohne Rücksicht auf die sonstigen Umstände des Falles als Spiel behandeln durfte.

Geht man, wie das die heutige Praxis tut, mit dem Wortlaut des Gesetzes frei um, so stellt sich alsbald die Gefahr ein, daß über das berechtigte Ziel hinaus, Spiel im wirtschaftlichen Sinne als Spiel im rechtlichen Sinne zu behandeln, Geschäfte, die wirtschaftlich mit Spiel nichts zu tun haben, trotzdem rechtlich als Spiel behandelt werden. Sollte dem Gesetzgeber wirklich die Tatsache genügt haben, daß die Parteien sich darüber einig sind, es solle zur effektiven Lieferung nicht kommen, sondern das Engagement durch ein Gegengeschäft und Differenzzahlung abgewickelt werden, um das Geschäft ohne Rücksicht auf die sonstigen Umstände des Falles als Spiel zu behandeln, so könnte ihm der Vorwurf einer verblüffenden Sorglosigkeit gegenüber den wirklichen Verhältnissen und den Bedürfnissen des Verkehrs nicht erspart werden.

Daß mit der geforderten Auslegung des § 764 der Spieleinwand praktisch beseitigt wird, ist nicht richtig. Einmal kommen Geschäfte, wie sie der § 764 im Auge hat, immer noch zwischen Kommissionär und Kommittenten vor. Im übrigen kann der Spieleinwand auch auf § 762 des Bürgerlichen Gesetzbuchs gestützt werden, der die Rechtsprechung an keinen scharf umrissenen Tatbestand bindet und bei dessen Anwendung sie die gesamten Umstände des Falles in Betracht ziehen kann. Bei richtiger Würdigung der Absichten des Börsengesetzes werden aber die Gerichte bei Anwendung des § 762 von selbst dahin kommen, eine starke Vermutung gegen das Vorliegen von Spiel für alle Fälle anzuerkennen, wo nach der Berufstätigkeit des Beteiligten ein berechtigtes Interesse, insbesondere ein Interesse an einer effektiven Ware vorliegen kann, das die Benutzung des Terminmarkts als eine wirtschaftliche Maßnahme erscheinen läßt[1]), und ferner anzuerkennen, daß auch die Gegenpartei berechtigt ist, von dieser Vermutung auszugehen.

Selbstverständlich wird es die Rechtsprechung im konkreten Fall nicht unternehmen können, die Beziehungen zwischen Termingeschäft

[1]) Übrigens braucht das Interesse sich nicht gerade auf eine Ware genau derselben Art zu beziehen, wie die ist, welche den Gegenstand des Termingeschäfts bildet. Wenn eine Zuckerfabrik, um sich eine Preisbasis für die vor Beginn der Bestellung auf Lieferung im Herbste abzuschließenden Rübenkäufe zu verschaffen, Rohzucker am Terminmarkt für Dezember verkauft, so bezieht sich ihr Interesse zunächst auf den Rohstoff, nicht auf das Produkt, und wenn ein Spinner, um sich gegen einen Preisfall seiner Garne zu versichern, Rohbaumwolle verkauft, so bezieht sich sein Interesse auf das Produkt, nicht auf den Rohstoff. Siehe auch unten S. 32f.

und effektivem Handel im einzelnen aufzudecken. Dazu ist der Mechanismus des Güterverkehrs zu kompliziert und die Fäden sind zu verschlungen. Sie wird sich damit begnügen müssen, daß ein solcher Zusammenhang bestehen kann, ebenso wie sich die Gegenpartei bei dieser Möglichkeit beruhigen muß, wenn die Voraussetzungen gegeben sind. Keinesfalls kann aber die bloße Tatsache, daß in dem ganzen Geschäftsverkehr der Parteien die Engagements stets durch ein Gegengeschäft abgewickelt worden sind, die Vermutung der wirtschaftlichen Berechtigung widerlegen. Die namentlich im Warenhandel naturgemäße Trennung von Terminmarkt und Effektivmarkt, auf die unten noch eingegangen werden soll (S. 32), läßt gerade für das Deckungs- und Versicherungsgeschäft die Abwicklung durch Gegengeschäft als das Normale erscheinen.

Gelangt die Rechtsprechung zu diesem Standpunkt, dann wird die Zulassung des Spieleinwands in den besprochenen Fällen die ihm zugedachte und, wie gezeigt, unentbehrliche Rolle eines Korrektivs gegen die weite Abgrenzung der termingeschäftsfähigen Kreise ausüben, ohne aber die Betätigung der berufenen Kreise zu hindern oder zu gefährden. Wenn dann noch darüber geklagt werden sollte, daß wiederum auch eingetragenen Vollkaufleuten die Geltendmachung standeswidriger Einwendungen ermöglicht werde, so bleibt kein Rat als der, den das Gesetz durch die Zulassung des Spieleinwands geben will, nämlich reine Spielgeschäfte von nicht zur Branche gehörigen Personen, mögen diese nun Vollkaufleute sein oder nicht, nicht zu vermitteln.

Ich komme nun zu einem Punkt von besonderer Wichtigkeit, nämlich die Verschiedenheit des Börsentermingeschäfts in Waren und des Börsentermingeschäfts in Wertpapieren.

Wir sind freilich gewöhnt, in beiden nur Anwendungsfälle derselben Geschäftsform zu erblicken, ebenso wie wir gewöhnt sind, Wertpapierbörse und Warenbörse nur als zwei Formen derselben wirtschaftlichen Erscheinung anzusehen und uns zu bemühen, nach einer einheitlichen Bestimmung des Begriffs „Börse“ zu suchen. Ein vergebliches Bemühen! Wirtschaftliche Erscheinungen lassen sich nicht in das Prokrustesbett von Schulbegriffen spannen. Warenbörse und Wertpapierbörse sind nicht die einzigen, sondern nur die wichtigsten Erscheinungen, die mit dem Sammelwort „Börse“ bezeichnet werden, aber ganz verschiedene Dinge. Die Warenbörse ist ein Warengroßhandelsmarkt, bestimmt für die am Großhandel interessierten Kreise. Die Hauptfunktion der Wertpapierbörse ist, dem Publikum als Vermittlungsstelle für den Kauf und den Verkauf von Wertpapieren zu dienen. Banken und Bankiers, Makler und berufsmäßige Spekulanten sind, abgesehen vielleicht von dem Verkehr mit auswärtigen Börsen, auch soweit sie auf eigene Rechnung spekulativ tätig sind, im großen und ganzen nur Zwischenhändler, die jeder in ihrer Art den allmählichen Übergang der Werte in das Publikum bewerkstelligen helfen.

Es ist eine der nur durch äußere Umstände veranlaßten Eigentümlichkeiten der hiesigen Börse, daß sie diese beiden Börsen, deren verschiedene Aufgaben auch eine verschiedenartige Organisation entsprechen sollte, in ein und derselben Organisation zusammenfaßt[1]).

Hiernach versteht es sich eigentlich schon von selbst, daß auch der Börsenterminhandel in Wertpapieren und der Börsenterminhandel in Waren wirtschaftlich zwei verschiedene Dinge sein müssen. Diese Verschiedenheit verlangt eine verschiedene rechtliche Behandlung.

Allerdings hat das alte Börsengesetz dem nicht Rechnung getragen. Zwar die Börsenenquetekommission hat den Unterschied wohl herausgefühlt. Sie schlug die Einführung das Börsenregisters nur für den Börsenterminhandel in Waren vor, wollte dagegen den Teilnehmerkreis am Börsenterminhandel in Wertpapieren nicht beschränken. Aber schon der Regierungsentwurf zu dem alten Gesetze ließ diese Unterscheidung nicht mehr gelten; die Begründung bezeichnete es als eine einfache Forderung der Logik, daß, wenn das Börsenregister für den Terminhandel in Waren eingeführt werde, es auch für den Börsenterminhandel in Wertpapieren eingeführt werden müsse. Die Agitation gegen das alte Gesetz hat dann nicht dazu beigetragen, die Begriffe zu klären. Wir haben es oft gesehen, daß die wichtige, allerdings auch leicht darzulegende wirtschaftliche Funktion des Warenterminhandels als Vorspann dienen mußte für die Forderung der Befreiung des Wertpapierterminhandels von den Fesseln des Gesetzes, obwohl doch dem Wertpapierterminhandel zwar auch eine wichtige Funktion, aber regelmäßig nur eine börsentechnische Funktion zukommt. Ihre Bedeutung liegt allerdings auch nicht so auf der Oberfläche.

Von dem Termingeschäft in Noten ausländischer Staaten, das zwar nicht in seiner Technik, wohl aber in seiner Funktion dem Warenterminhandel nahe stand, sehe ich jetzt und auch im folgenden ganz ab. Früher spielte der Zeithandel in russischen Noten an der Berliner Börse eine große Rolle bis zu jener scharfen Lehre, die der russische Finanzminister im Jahre 1894 den Berliner Baissiers zur Einleitung der russischen Valu-

---

[1]) Im Gegensatz zu England und Frankreich, wo Waren- und Wertpapierbörsen getrennte und verschiedenartige Organisationen sind, im Gegensatz auch zu Hamburg, wo zwar nur eine Börse vorhanden ist, innerhalb dieser Börse aber sich für die einzelnen Zwecke verschiedene Organisationen gebildet haben. Neuerdings zeigt sich in Berlin etwas Ähnliches. Die junge Abteilung „Metallbörse“ ist zwar börsenordnungsmäßig in der alten Organisation eingegliedert. Tatsächlich bildet sie aber, der Eigenart des Warenhandels entsprechend, einen Ring für sich.

taregulierung gab[1]). Seither ist dieses Termingeschäft ganz eingeschlafen. Seit mindestens 10 Jahren ist kein Terminkurs für russische Noten an der Berliner Börse notiert worden. Daß gleichwohl der Börsenvorstand noch allmonatlich einen Liquidationskurs für russische Noten festsetzt, hängt mit dem Zeitgeschäft in Auszahlung St. Petersburg zusammen. Aber das ist eine Feinheit, die nicht einmal allen Besuchern der Berliner Börse bekannt sein dürfte. Alle die schönen Beispiele für die „Unentbehrlichkeit" des Terminhandels, die dem Verkehr in russischen Noten entlehnt waren, müssen wir in die Rumpelkammer legen[2]).

In dem neuen Börsengesetz hat sich dann die sachlich gebotene verschiedene Behandlung des Wertpapierterminhandels und des Warenterminhandels wieder durchgesetzt, im Gegensatz allerdings zu dem Regierungsentwurfe, der die sich ergebenden Schwierigkeiten noch nicht hatte überwinden können.

Zu völlig separater Behandlung ist das börsenmäßig qualifizierte handelsrechtliche Lieferungsgeschäft in Getreide und Mehl verwiesen. Das Verbot des Börsentermingeschäfts ist aufrecht erhalten, doch mit der Maßgabe, daß es sich nicht auf ein vom Gesetz besonders ausgestaltetes Geschäft erstreckt, sofern dieses sich innerhalb der vom Gesetze eigens für dieses Geschäft bezeichneten, der Branche unmittelbar zugehörigen Personenkreise hält. Das Verbot trifft also nur das börsenmäßig qualifizierte handelsrechtliche Lieferungsgeschäft, das sich außerhalb des vom Gesetz gezogenen Grenzzaunes bewegt. Dieser Grenzzaun ist durch Androhung von Ordnungsstrafen also quasi strafrechtlich noch besonders geschützt[3]).

---

[1]) Es handelte sich um eine Manipulation, die man wohl als regelrechte Schwänze bezeichnen darf, d. h. um eine künstlich herbeigeführte Knappheit des der Börse für die Erfüllung ihrer Blankoverkäufe zur Verfügung stehenden Materials.

[2]) Zeitgeschäfte in Wechseln auf ausländische Plätze sind zum Zweck der Versicherung gegen Valutaschwankungen nicht selten. Vgl. **Erich**, Verträge zum Zwecke der Versicherung gegen Valutaschwankungen, Bank-Archiv vom 1. Dezember 1913, S. 75. Es handelt sich aber hier nicht um besonders qualifizierte Lieferungsgeschäfte, sondern, wie es im Handel mit Wechseln, wo es auf die Persönlichkeit des Verkäufers ankommt, nicht anders sein kann, um einfache Individualgeschäfte.

[3]) Es muß gegenüber einer in der Literatur vielfach vertretenen Ansicht entschieden daran festgehalten werden, daß das im § 67 des Börsengesetzes bezeichnete Geschäft zwar nicht ein solches Geschäft, wie man es bei Erlaß des Verbots im alten Börsengesetze im Auge hatte, aber doch ein Börsentermingeschäft im Rechtssinne ist. Leugnet man dies, so folgt notwendig, daß es auch kein Börsentermingeschäft sein kann, wenn sich andere Personen daran beteiligen als die, welche im § 67 zur Beteiligung zugelassen sind. Dann folgt weiter, daß solche Überschreitungen nicht im Ordnungsstrafverfahren verfolgt werden können. Nach dem bestimmten Wortlaute des § 71 findet das Ordnungsstrafverfahren nur wegen

Man hat dieses zugelassene Zeitgeschäft als ein Börsentermingeschäft mit Maulkorb und an der Leine bezeichnet; richtiger hat man es zu nennen: ein gegen frühere Mißbräuche geschütztes und auf diejenigen Kreise beschränktes Geschäft, innerhalb deren es allein wirtschaftliche Berechtigung hat und die seiner allein bedürfen.

Im übrigen ist der Terminhandel in Waren keineswegs mit dem Wertpapierhandel gleichgestellt. Zwar den Kreis der termingeschäftsfähigen Personen zieht das Gesetz, mit einer geringfügigen Ausnahme, für beide Handelszweige mit der gleichen Liberalität. Aber es ermöglicht den wirksamen Abschluß eines Börsentermingeschäfts in Waren mit dem nicht zu diesen Personenkreisen gehörigen Publikum überhaupt nicht, auch nicht wie beim Wertpapiergeschäft auf der Basis einer Sicherheit. Es trifft zwar keine besonderen Maßnahmen, um das Geschäft zu verhindern, in das Publikum einzudringen, wie es dies für die wichtigsten Güter der Volksernährung, für Getreide und Mehl getan hat. Aber es betrachtet doch das Heraustreten aus den termingeschäftsfähigen Kreise als eine Entartung, die es, wenn es sie auch nicht verhindern kann, doch wenigstens nicht dadurch fördern will, daß es den Abschluß auf rechtlich gesicherter Basis ermöglicht.

Wir haben so die auf den ersten Blick eigenartig anmutende Tatsache vor uns, daß die wirtschaftlich höherstehende Erscheinung die Gunst des Gesetzes weniger zu genießen scheint als eine weniger hochstehende Erscheinung. Dies ist nicht geschehen aus äußeren Gründen. Die Warenbörse ist nicht, wie es hieß, der Fondsbörse geopfert worden. Sondern es waren, wie ich glaube, sehr berechtigte wirtschaftliche Erwägungen, die die Regierung veranlaßten, auf die, wie bekannt, unter ihrer führenden Mitarbeit ausgearbeiteten Kommissionsanträge einzugehen und so das Zustandekommen des Gesetzes zu ermöglichen. Diese Gründe, wie sie sich mir darstellen, werde ich im weiteren Verlauf meiner Vorträge noch darzulegen haben.

Ich möchte nun den Unterschied zwischen den beiden Handelszweigen dahin formulieren:

Das Börsentermingeschäft in Waren ist hervorgegangen aus dem Effektivgeschäft. Es ist seinem Entstehungsgrund und seinem Wesen nach Hilfsgeschäft des Effektivgeschäfts. Seine wirtschaftliche Funktion ist bei dem Gange der Ware vom Erzeuger zum Verarbeiter

---

verbotener „Börsentermingeschäfte" statt. Der Hauptzweck des Ordnungsstrafverfahrens wäre vereitelt. Es sollte vornehmlich dazu dienen, das im § 67 bezeichnete Geschäft in den dort angegebenen Personenkreisen zu halten. Der reinen Preisspekulation der Außenseiter in Getreide und Mehl stände die Tür offen. Die angefochtene Auslegung widerspricht dem nicht anzuzweifelnden Willen des Gesetzes. Diese Tatsache sollte an den üblichen Begriffsbestimmungen des Börsentermingeschäfts, die zu einem solchen Widerspruche führen, irre machen. Vgl. auch unten S. 46ff.

als Zwischengeschäft und Versicherungsgeschäft zu dienen und dadurch dem Großhandel die Überführung der Ware in den Konsum, die örtliche und zeitliche Verteilung zu erleichtern.

Das Börsentermingeschäft in Wertpapieren dagegen ist nicht entstanden aus den Bedürfnissen des Effektivhandels, sondern aus den Bedürfnissen der Spekulation. Es ist diejenige Handelsform, in der sich massenhafte Umsätze, wie sie eine lebhafte Spekulation mit sich bringt, unter möglichst geringer Inanspruchnahme der Wertpapierbestände und von Geld am leichtesten, man darf sagen am elegantesten bewältigen lassen. Die Verwendung dieser Handelsform hat zwar natürlich auch wirtschaftliche Bedeutung; für sich genommen, hat aber das Börsentermingeschäft in Wertpapieren nur eine börsentechnische Funktion. Es ist nur eine Geschäftsform aber die vollendetste Geschäftsform für das spekulative Geschäft, vielleicht sogar für den Börsenhandel in Wertpapieren überhaupt.

Es ist in wirtschaftlichen Fragen immer mißlich, sich so präzise auszudrücken, besonders mißlich aber einem so schillernden Wesen gegenüber wie es die Börse ist. Ich weiß wohl, daß man zu allem, was ich eben gesagt habe und was ich noch sagen werde, hinzufügen kann: aber es kann sich auch anders verhalten. Ich bin aber nicht in der Lage, wenn ich nicht bis ins Unendliche fortsprechen will, jedesmal das ganze Gespinst von Nebenerscheinungen abzuwickeln, sondern ich muß versuchen, aus jenem Gespinst gleich den Kern herauszunehmen, wie ich ihn sehe.

In diesem Zusammenhange möchte ich noch eins bemerken: Bei uns sieht sich die Börse immer wieder, vielleicht häufiger oder wenigstens andauernder als in anderen Ländern, genötigt, sich gegen nach ihrer Meinung mißverständliche Auffassungen und gegen Angriffe zu verteidigen. Das liegt nicht daran, daß bei uns die Verhältnisse etwa besonders unsolide sind. Im Gegenteil ist die Qualität unserer Hauptspekulationspapiere im großen und ganzen besser als in London und New York und neuerlich wenigstens auch als in Paris. Aber die wirtschaftliche Bedeutung der Spekulation in Wertpapieren namentlich für unsere industrielle Entwicklung ist bei uns bisher noch nicht in das Volksbewußtsein eingedrungen. Es handelt sich ja gewiß nicht um Dinge, die so ganz an der Oberfläche liegen. Vor allem ist unsere große industrielle Entwicklung uns noch zu neu und die Wertpapierspekulation ist bei uns noch jung, noch nicht ein Jahrhundert alt. Sie begann eigentlich erst in dem ersten Drittel des vorigen Jahrhunderts und erlebte die erste scharfe Ausschreitung, wie sie für eine junge Spekulation charakteristisch und nirgends ausgeblieben ist, erst in der Eisenbahnmanie der 40er Jahre, während sie in unseren westlichen Nachbarstaaten bereits auf eine Geschichte von mehreren 100 Jahren zurückblicken kann.

Es ist natürlich, daß die Börse, um die Würdigung zu finden, auf die sie Anspruch hat, geneigt ist, die volkswirtschaftliche Bedeutung der Wertpapierspekulation als Gesamterscheinung zu übertragen auf die Betätigung des einzelnen Spekulanten und auf dessen Motive, namentlich aber Einzelerscheinungen, nur gelegentliche Ausnutzungen des Wertpapierterminmarkts, deren berechtigter wirtschaftlicher Zweck jedem einleuchten muß, in den Vordergrund zu stellen und hinter ihnen die große Masse der Geschäfte, die erst den Wertpapierterminmarkt bilden und bei denen solche ernste wirtschaftliche Zwecke nicht obwalten können, denn sonst würden sie nicht in solchen Massen geschlossen werden, in den Hintergrund treten zu lassen. Diese Neigung ist begreiflich, aber gefährlich. Denn der außenstehende Beobachter, wenn er entdeckt, daß es sich in Wahrheit in der weit überwiegenden Menge der Fälle um reine Preisspekulation handelt, wenn er sieht, daß der König, wie in dem Andersenschen Märchen, nicht die kunstvoll gewirkten Gewänder trägt, sondern wirklich in Unterhosen geht, dann ist dieser Beobachter nur allzuleicht geneigt, mit einer solchen Entdeckung die Frage als entschieden zu betrachten, so daß eine Verständigung auf dem Boden der wirklichen Tatsachen kaum mehr möglich ist. Die Aufklärung der Öffentlichkeit über die Börse würde schon größere Fortschritte gemacht haben, wenn immer nur die wirklichen Hauptvorgänge betont worden wären[1]).

Was ich soeben über die Wesensverschiedenheit des Waren- und des Wertpapierzeithandels sagte, ist gewiß nichts Neues. Die Börsenenquetekommission ist schon von dieser Verschiedenheit ausgegangen. Immerhin ist eine nähere Erläuterung und Begründung nicht zu entbehren. Die Begründung ergibt sich allein schon aus folgender Tatsache: Im effektiven Wertpapiergeschäft, wo gekauft wird, um zu erwerben und zu besitzen, mögen auch spekulative Absichten mit der Anschaffung verbunden sein, und wo verkauft wird, um sich eines Besitzes zu entledigen, ist das Bedürfnis, einen künftigen Bedarf im voraus zu decken und Bestände, die zu übernehmen sind, im voraus zu verkaufen, zwar oft genug vorhanden, aber es ist nicht das Reguläre. Das Zeitgeschäft ist im Wertpapierhandel kein regelmäßiges Bedürfnis. Wenn Zeitgeschäfte abgeschlossen werden, so sind sie, wie z. B. im Emissionsgeschäft, durch besondere Umstände bedingt; der regelmäßige effektive Umsatz bedarf des Geschäfts auf spätere Termine nicht. Beweis ist die Börse von New York, die das Zeitgeschäft nur im Emissionsgeschäft kennt, in dem dann die Bedingungen jeweils besonders zwischen den Emissionshäusern und den Abnehmern vereinbart werden.

---

[1]) Siehe auch unten S. 52 ff.

Gerade umgekehrt liegt es im Warenhandel. Im Warengroßhandel ist das Geschäft über greifbare effektive Ware auch etwas Alltägliches. Das Zeitgeschäft bildet aber daneben ein natürliches regelmäßiges Bedürfnis. Im Warengroßhandel vollzieht sich der Umsatz naturgemäß zu einem sehr bedeutenden Teile im Zeitgeschäft. Dieses Zeitgeschäft hat aus sich heraus das börsenmäßig qualifizierte Zeitgeschäft, den Börsenterminhandel zu seiner Unterstützung entwickelt.

Was ich damit sagen will, bitte ich an der Entstehung des Berliner Getreideterminhandels darlegen zu dürfen, wie ich sie, ohne selbst besondere Studien angestellt zu haben, aus Mitteilungen, die in der Börsenenquete gemacht worden sind, entnehme. Wenn diese Darstellung nicht ganz historisch richtig sein sollte, so ist sie doch für unsere Zwecke recht brauchbar.

In den dreißiger Jahren des vorigen Jahrhunderts spielte sich der Berliner Roggenhandel noch so ab, daß die Berliner Händler im Winter in der Provinz herumreisten, bei den Landwirten und dem lokalen Handel Abschlüsse in Getreide zur Lieferung im Frühjahr nach Eröffnung der Schiffahrt machten und dann die verschlossenen Mengen unter denselben Bedingungen an die Berliner Bäcker weiter verkauften. Damals waren die Berliner Mühlen noch nicht, wie heute, Handelsmühlen, die Getreide für eigene Rechnung kaufen und Mehl und Kleie für eigene Rechnung verkaufen, sondern Lohnmühlen. Die Bäcker ließen das Getreide für ihre Rechnung gegen einen Mahllohn in den Mühlen ausmahlen. Sie trugen also das Risiko der Getreidepreisschwankungen und konnten es wohl auch, weil die Schwankungen sich nicht so unmittelbar auf die Brotpreise übertragen. Das Geschäft nahm einen größeren Umfang an, als mit dem Ausbau des Eisenbahnnetzes Berlin der Getreidezentralplatz für Ostdeutschland und einen Teil Mitteldeutschlands wurde, sein Handel nicht nur den großen Verbrauch der wachsenden Großstadt zu versorgen hatte, sondern auch die Aufgabe übernahm, den Getreideüberschuß des Ostens nach dem getreideärmeren Westen zu leiten. Diese weite Vermittelungstätigkeit drängte von selbst dazu, zu typischen Geschäftsformen überzugehen, die ein leichtes Zurückhandeln ermöglichten. Denn der Berliner Zwischenhandel konnte über die Mengen, die er fest übernehmen mußte, nicht von vornherein richtig disponieren, da der Verbrauch sich nicht überall im voraus meldete, und gar nicht übersehen werden konnte, wohin die Ware am zweckmäßigsten und ohne Verschwendung von Fracht zu dirigieren war. Wollte aber der Handel ruhig auf seinen Abnahmeverpflichtungen sitzen bleiben und abwarten bis der Verbrauch sich meldete, so traf ihn das nicht zu übersehende Preisrisiko der Zwischenzeit. In ähnlicher Lage befand sich der Handelsmüller in der Provinz. Schloß er frühzeitig seinen Bedarf bei einem Berliner Händler fest ab, so konnte es ihm begegnen, daß ihm die Ware nachher von einem viel frachtgünstiger gelegenen Platze angeboten wurde, daß sie ihm womöglich auf den Hof gefahren wurde, er also die Fracht von Berlin hinausgeworfen hatte. Unterließ er es sich zu decken, so begab er sich in eine gefährliche Spekulation, namentlich wenn er genötigt war, seinerseits im voraus Abschlüsse auf Mehl einzugehen. Alle diese Schwierigkeiten ließen sich vermeiden, wenn man den Vorverkauf und die Vorversorgung nicht im gewöhnlichen Zeitgeschäft unter Bedingungen vornahm, die den individuellen Bedürfnissen des Einzelfalls angepaßt waren, sondern zu typischen Geschäftsbedingungen überging, die es ermöglichen, jederzeit an seine Stelle einen anderen Verkäufer oder einen anderen Abnehmer treten zu lassen. D. h. der Händler in Berlin, der sich im August in Prenzlau Roggen für Lieferung im Oktober gesichert hatte, verkaufte dem Müller in Brandenburg, der seinen Novemberbedarf im voraus decken wollte, nicht 50 Tonnen Uckermärker Roggen der oder jener Qualität lieferbar im Oktober, sondern er verkaufte ihm 50 Tonnen Roggen der usancemäßigen Qualität, die stets erhältlich war und für den Verbrauch regelmäßig ausreichte, nach Berliner Börsenusancen lieferbar in Berlin im Oktober. Fand dann der Müller in der Provinz im Oktober Gelegenheit, seinen Roggen aus der Nähe zu beziehen, so sah er natürlich davon ab, in Berlin abzunehmen, sondern machte von der Möglichkeit Gebrauch, die ihm die Fungibilität seines Berliner Abschlusses gab, verkaufte die dort gekaufte Menge wieder und bezog seine Ware aus der Nähe. Ebenso konnte der Händler, wenn sich ihm die Möglichkeit bot, den in Prenzlau gekauften Roggen an einen Müller in Angermünde zu liefern, den in Berlin geschuldeten Roggen am Terminmarkt von einem Dritten kaufen, der dann das Geschäft mit dem Brandenburger Müller oder dessen Abkäufer zu erfüllen hatte. Für die jetzt freigewordene Menge Prenzlauer Roggen konnte der Händler dann die Fracht nach Berlin sparen und sie von Prenzlau gleich nach dem nahen Angermünde dirigieren. Käufer und Verkäufer behielten also die Möglichkeit, alle sich zwischen Geschäftsabschluß und Lieferungsmonat bietenden Chancen auszunutzen, um die effektive Ware oder den effektiven Bedarf, die im Hintergrunde des Geschäftes standen, anderweit unterzubringen oder zu versorgen. Sie waren aber beide aus der Spekulation heraus. Der Händler war sicher, wenn sich ihm keine andere Verwertungsmöglichkeit bot, seinen Roggen in Berlin los zu werden und der Müller war sicher, seinen Roggen im Bedarfsfalle in Berlin zu erhalten. Beide konnten sich der Notwendigkeit, selbst in Berlin abzunehmen oder zu liefern, entziehen, wenn es ihnen paßte.

Zu solchen und ähnlichen Geschäften[1]) zur Erleichterung der räumlichen und zeitlichen Verteilung der Ware, die mit dem Vorbehalt der effektiven Lieferung oder Abnahme geschlossen werden und die an allen Terminmärkten eine zuzeiten bedeutende Rolle spielen, wie sich an den mitunter recht umfangreichen Andienungen zeigt, traten dann Geschäfte auch desjenigen Handels und Verbrauchs, der im Effektivgeschäft Berlin nicht zu benutzen pflegt, weil andere, frachtgünstiger gelegene Märkte seine Ware aufnehmen oder seinen Bedarf decken können. Das waren dann reine Preissicherungsgeschäfte. Es machte sich auch im Getreidezeithandel, die dem Terminhandel eigentümliche Neigung zur Konzentration geltend. Dieses Geschäft strebt zum größeren Markte, weil sich an ihm die größere Chance bietet, rasch und ohne wesentlichen Einfluß auf den Preis abzuschließen, während das Effektivgeschäft, das jede unnütze Warenbewegung vermeiden muß, ebenso naturgemäß dezentralisiert bleibt. Berlin gewann als Terminhandelsplatz an Bedeutung, während die Provinzialbörsen, an denen sich auch ein Terminhandel gebildet hatte, das Geschäft immer mehr verloren. Der Müller in der Provinz Posen, der so oft schon als Beispiel dienen mußte, konnte natürlich, wenn er nicht baldigst bankrott werden wollte, nicht daran denken, Roggen aus Berlin zu beziehen, wohl aber konnte er, um sich eine Kalkulationsbasis für seine Mehlverkäufe zu schaffen, in Anbetracht der maßgebenden Bedeutung, die Berlin für den Preis des Posener Roggens hatte, Roggen in Berlin kaufen, um den ihm in Berlin geschuldeten Roggen dort wieder zu verkaufen, wenn er seinen Bedarf in der Umgebung effektiv gedeckt hatte. War der Roggen mittlerweile teurer geworden, als er bei seinen Mehlverkäufen gerechnet hatte, so entschädigte ihn der Gewinn, den er am Terminmarkt hatte; war der Roggen billiger geworden, so entschädigte ihn der Gewinn im Effektivgeschäft für den Verlust am Terminmarkt. In jedem Falle behielt er seinen Mahllohn.

Die Trennung von Terminmarkt und Effektivmarkt ist also eine ganz natürliche Erscheinung, hervorgerufen durch die Neigung des Termingeschäfts zur Konzentration und die notwendige Dezentralisation der Effektivmärkte. Aber es handelt sich im Grunde nur um eine räumliche Trennung. Wirtschaftlich genommen ist es eine Zufälligkeit, daß es die räumlichen Verhältnisse dem Brandenburger Müller gestatten, die auf Termin gekaufte Ware in Berlin auch abzu-

---

[1]) Ich erwähne, nur als ein Beispiel, die Ausnützung einer bei Berücksichtigung von Lagerkosten und Geldzinsen noch Gewinn lassenden Spannung zwischen dem Preis für den näheren Termin und dem Preis für den späteren Termin durch Kauf auf den näheren und Verkauf auf den späteren Termin. Hier handelt es sich um zeitliche Verteilung der Ware, während es sich in dem obenerwähnten Falle um räumliche Verteilung handelte.

nehmen, während der Posener Müller unter allen Umständen darauf Bedacht nehmen muß, zurückzuhandeln. Bei beiden handelt es sich nur um ein Hilfsgeschäft des Effektivgeschäfts, veranlaßt durch ein Interesse an einer effektiven Ware. Faßt man das von der Preisbildung am Zentralmarkt beherrschte Gebiet als einen großen Markt auf, so verblaßt der Unterschied überhaupt. Wir müssen darauf verzichten, in dieser ganz summarischen Erörterung, die nur den Zweck hat, als Folie für die Darstellung der Eigenart des Wertpapierterminhandels zu dienen, diese zweite Kategorie von Hilfsgeschäften des Effektivgeschäfts weiter zu verfolgen, darzulegen, wie solche Operationen am Rohstoffmarkt auch zu Preissicherungen für die Fabrikate verwendet werden, der Effektivmarkt, für den die Preissicherung bestimmt ist, also nicht nur räumlich von dem Terminmarkte getrennt ist. Beispiele sind schon vorher erwähnt worden (oben S. 20ff. und Anm. zu S. 23). Genug wenn wir gesehen haben, daß das Börsentermingeschäft in Waren hervorgegangen ist, aus dem Bedürfnisse, sei es des Großhandels, sei es des Verarbeiters oder auch des Erzeugers, nicht zu spekulieren, sondern sein effektives Geschäft auf eine sichere rechnungsmäßige Grundlage zu stellen.

Freilich kann dieses Geschäft auch den Zwecken einer reinen Preisspekulation dienstbar gemacht werden. So müssen wir leider noch eine dritte Kategorie von Geschäften nennen. Es hat in Berlin wie auch an den meisten anderen Warenterminmärkten nicht lange gedauert, bis die Möglichkeit des Mißbrauchs ein fremdes Element an den Markt lockte, das mit ihm in keiner natürlichen Verbindung steht, für das die Ware keinen Gegenstandswert hat, sondern nur als das Objekt von Kursveränderungen in Betracht kommt, nämlich das dem Warengroßhandel fernstehende Publikum[1]). Die Beteiligung der Außenseiter hat dann dazu beigetragen, den ernsten wirtschaftlichen Charakter des Börsenterminhandels in Waren zu entstellen; sie hat durch die Unsicherheit, die sie vermöge ihrer rein spekulativen, durch keine Sachkenntnis gemilderten Tendenzen in die Preisbildung hineintrug, den Zusammenhang zwischen Terminmarkt und Effektivmarkt gestört, auch den Effektivmarkt ungünstig beeinflußt und nicht nur in den außenstehenden Kreisen, sondern selbst in den Kreisen des Handels, der Produktion und Weiterverarbeitung ein Vorurteil gegen den Terminhandel wachgerufen, auf das man immer wieder stößt und dem, gegenüber dem Terminhandel in seiner durch die Beteiligung der Außenseiter entarteten Erscheinung die Begründung nicht abzusprechen ist.

---

[1]) Es ist mir natürlich bekannt, daß auch der berufsmäßige Handel solche reinen Preisspekulationen getrieben hat. Bedenklich wurden sie aber doch nur, weil ihnen die hilflose Masse des Publikums gegenüberstand. Siehe übrigens unten S. 72.

Wie wir sahen ist das Zeitgeschäft kein regelmäßiges Bedürfnis im effektiven Wertpapierhandel. Wenn wir die Entstehung des Börsentermingeschäfts, d. h. eines besonderen börsenmäßig qualifizierten handelsrechtlichen Lieferungsgeschäfts im Warenhandel aus den Bedürfnissen des effektiven Handels ableiten konnten, müssen wir im Wertpapierhandel andere Ursachen suchen. Diese Ursachen können nur in den Bedürfnissen der Spekulation gefunden werden. Tertium non datur.

Diese Bedürfnisse liegen klar genug am Tage.

Es ist eine Tatsache, die die Beobachtung aller großen Börsen lehrt, und eine einfache Überlegung sagt uns, daß es auch gar nicht anders sein kann, nämlich daß eine umfangreiche Spekulation nur möglich ist mit Hilfe von Kredit, und zwar von Stückekredit, d. h. leihweise Überlassung von Wertpapieren, oder von Geldkredit. Des Geldkredits bedarf die Haussepartei, die eine von ihr erwartete Kurssteigerung ausnützen will, des Stückekredits bedarf die Baissepartei, um an einer erhofften Kurssenkung zu verdienen. Die Haussepartei muß kaufen können, ohne über die vollen Mittel zur Bezahlung der gekauften Wertpapiere zu verfügen, die Baissepartei muß verkaufen können, ohne selbst die Wertpapiere zu besitzen. Kaufte an der Börse jeder nur im Rahmen seiner verfügbaren Mittel, um diese in Wertpapieren anzulegen, verkaufte an der Börse nur, wer sich eines Besitzes entledigen will, d. h. würden Wertpapiere an der Börse nur gehandelt wie Kartoffeln oder Mohrrüben am Wochenmarkt, so würden wir ein engbegrenztes, stockendes Geschäft sehen. Der Handel würde sich nur an den Terminen beleben, wo aus Zinszahlungen usw. neu zufließende oder bisher anderweit angelegte, jetzt freigewordene Gelder Anlage suchen und das Bedürfnis, bisher in Wertpapieren angelegte Gelder für andere Zwecke frei zu machen, Papiere an den Markt bringt. In der Zwischenzeit aber würde der Markt stagnieren, die Wertpapiere würden kaum verkäuflich sein. Kurz die Börse würde ganz in den Zustand versinken, in dem wir weite Gebiete des Markts der festverzinslichen Werte eben wegen des Fehlens einer nennenswerten Spekulation versunken sehen.

Eine lebhafte Spekulation ist nur denkbar, wenn sich zahlreiche Personen dauernd beteiligen, und dies ist wieder nur denkbar wenn die Möglichkeit der Beteiligung über die Kreise hinaus gewährt wird, die für ihr eigenes Kapital im Besitz von Wertpapieren sei es mit, sei es ohne spekulative Absicht Anlage suchen. Das kann nur geschehen durch die Bereitstellung von Kredit, in erster Linie von Geldkredit für die stets breitere Haussespekulation.

Diesen Punkt bitte ich festzuhalten. Er ist in verschiedener Hinsicht von Bedeutung.

Wenn die Spekulation die Wertpapiere auch nur mit geborgtem Gelde kauft oder sie nur leihweise zur Erfüllung ihrer Lieferungsverbindlichkeiten übernimmt, so schafft sie ihnen doch einstweilen Unterkunft, bis allmählich anlagesuchendes Kapital in ihnen fixiert werden kann, erhält die Papiere, wie der sehr bezeichnende Ausdruck lautet, schwimmend.

Der Geldkredit aber steht der Spekulation natürlich nicht umsonst zur Verfügung, sondern nur gegen Zinsen und zwar mitunter recht hohe Zinsen.

Indem die Spekulation Geldkredit in Anspruch nimmt, ermöglicht sie also die nutzbare Anlegung kurzfristig verfügbarer Gelder, übernimmt das Risiko der Kursbewegung und der Veräußerlichkeit der Wertpapiere, das die Gelder selbst tragen müßten, wenn sie unmittelbar in Wertpapieren angelegt würden, macht die Gelder für Wirtschaftsgebiete nutzbar, denen sie bei unmittelbarer Anlage in Wertpapieren niemals zugute kommen würden, und ist schließlich in der Lage, höhere Zinsen zu zahlen oder kann wenigstens dazu gezwungen werden. Es ist bekannt, daß von dieser Anlagemöglichkeit auch der Staat durch die Seehandlung, zahlreiche andere öffentliche Institute, Kommunen usw. reichlich Gebrauch machen.

Andererseits aber ist die Spekulation nicht nur in ihrem Umfang, sondern auch in ihrem Charakter abhängig von dem Maße des ihr zur Verfügung gestellten Kredits. In je weiterem Maße der Kredit zur Verfügung steht, desto mehr muß die Unternehmungslust wachsen, desto weitere Kreise können sich an der Spekulation beteiligen, desto rascher und sicherer können die Bedürfnisse der Volkswirtschaft, die ihre Befriedigung durch Schaffung und Veräußerung von Wertpapieren suchen, durch Vermittelung der Spekulation sofort befriedigt werden, desto näher rückt aber auch die Gefahr einer ungesunden Expansion, desto geringer wird die Solidität der Spekulation, desto bedenklicher wird die in ihrer Gesamtheit stets zweifelhafte Liquidität der der Spekulation geliehenen Gelder (Report- und Ultimogelder), desto näher rückt die Gefahr eines Zusammenbruchs. Denn jede Einschränkung des Kredits zwingt Käufer an den Markt, deren Verkäufe das Kursniveau um so schwerer bedrohen, je mehr sich die Lage zugespitzt hat.

Die ganze Frage, um deren Lösung sich die Gesetzgebung in Deutschland und anderswo bisher mit so zweifelhaftem Erfolge bemüht hat, nämlich wie die Wertpapierspekulation in gesunden Grenzen gehalten werden kann, ist im Grunde nur eine Frage des Maßhaltens in der Kreditgewährung. Denn gesund ist nur eine Spekulation, deren Inanspruchnahme von Kredit in verständigem Verhältnis zu ihren eigenen Mitteln steht, d. h. deren eigene Mittel ausreichen, um die Verluste, die sie treffen können, ohne Vernichtung ihrer Existenz zu tragen.

Wir sprachen bisher nur von Geldkredit. Aber auch Stückekredit ist nicht zu entbehren. Eine einigermaßen regelmäßig funktionierende und nicht durch die Leichtigkeit von Ausschreitungen ständig in ihrer Existenz bedrohte Haussespekulation bedarf einer Gegenpartei, die sich ihr entgegenstemmt, mit der sie zu ringen hat. Diese Gegenpartei, die auf eine Senkung der Kurse hofft und sie auszunützen strebt, kann sich kaum bilden aus den Besitzern der Wertpapiere, die ihren Besitz zu den von der Haussepartei hinaufgetriebenen Kursen verkaufen in der Hoffnung, wenn die Kurse wieder sinken, die Papiere billiger zurückzukaufen. Ein großer Teil dieser Wertpapierbesitzer wird sich verständigerweise gar nicht um die ephemeren Erscheinungen an der Börse kümmern, sondern seine Papiere, die er als Anlage wegen der Rente gekauft hat, ruhig im Kasten lassen. Ein großer Teil wird selbst in Haussestimmung sein und nicht ans Verkaufen denken, bis die Kurse schon wieder fallen. Denn die fallende, nicht die steigende Preiskurve bringt erfahrungsgemäß die Ware in großen Massen an den Markt. So machen auch die landwirtschaftlichen Genossenschaften die Erfahrung, daß so lange der Preiszeiger an der Börse nach oben weist, die Landwirte mit ihrem Getreide zurückhalten. Aber wenn er die erste Neigung zeigt, zu fallen, dann klingelt das Telephon den ganzen Tag und jeder will seine Ware noch rasch abgeben.

Die große Mehrzahl der Menschen ist, gewiß glücklicherweise, Optimist und daher — nicht immer „glücklicherweise" — Haussier. Neigung zum Haussier oder zum Baissier ist eben auch Temperamentssache. Mit aus diesem Grunde erklärt es sich, daß das Publikum an der Börse in der Regel à la hausse spekuliert, und die Baissepartei sich zumeist aus den Reihen der zur Ausnützung jeder Chance erzogenen Berufsspekulation rekrutiert, was freilich nicht dazu beiträgt, sie beliebter zu machen. Jedenfalls wäre eine Baissepartei nicht denkbar, wenn sie darauf angewiesen wäre, eigene Wertpapiere zu verkaufen. Sie muß mit Stückekredit arbeiten können.

Daß der Kredit auch nutzbar gemacht werden kann, wenn lediglich die Form des prompt zu erfüllenden Geschäfts, des Kassageschäfts zu Gebote steht, bedarf für den Geldkredit keiner besonderen Erläuterung. Der Haussier sucht sich eben jemand, der ihm den Kaufpreis der anzukaufenden Papiere, oder einen Teil des Kaufpreises vorstreckt. Diesem übergibt er die angeschafften Wertpapiere als Pfand und wartet dann die ihm günstig erscheinende Zeit für den Verkauf ab. Tritt die erhoffte Kurssteigerung ein, so verkauft er die Papiere, zahlt mit dem Kaufpreis das Darlehen zurück und behält sich den Überschuß. In dieser Form spielt sich ja die ganze Kreditspekulation des Publikums in nur per cassa gehandelten Werten ab.

Man kann aber auch per cassa auf eine Preissenkung unter Benutzung von Kredit, hier von Stückekredit, spekulieren. Nehmen Sie an, daß jemand für ein Papier „flau" ist. Er glaubt durch Spekulation à la baisse Geld verdienen zu können. Er verkauft also 10 Stück dieser Aktien an der Börse, in der Hoffnung, sie in einiger Zeit billiger zurückzukaufen. Jetzt muß er sich die Stücke leihen, die er zu der Erfüllung seines Verkaufs braucht[1]). Es kommt nun nicht selten vor, daß sich größere Bestände eines Wertpapiers in einer Hand befinden, die der Spekulation zur Verfügung gestellt werden können. Um nur ein Beispiel zu nennen: irgendeine Stelle wünscht, eine Aktiengesellschaft zu kontrollieren, und hält darum einen großen Bestand der Aktien. Das in diesen Beständen festgelegte Kapital kann nun dadurch nutzbar gemacht werden, daß die Aktien an die Baissespekulation ausgeliehen werden, die dann das für den Verkauf der geliehenen Stücke erzielte Geld zur Verfügung zu stellen hat. Mit diesem Geld kann der Stückeverleiher durch Ausleihung an der Börse höhere Zinsen erzielen, als er dem Baissier zu vergüten hat. Er kann vielleicht, wenn Stücke nur schwer leihweise erhältlich sind, den Baissier nötigen, ihm das Geld ganz zinsfrei zu lassen, oder ihm sogar eine Leihgebühr berechnen, die er dann bei Rückzahlung des Geldes gegen Rückgewähr der Stücke in Abzug bringt (Deport). Der Baissier liefert die ihm geliehenen Stücke seinem Käufer ab, überweist seinem Stückeverleiher den Kaufpreis und wartet nun, bis die erhoffte Preissenkung eingetreten ist, um durch billigeren Rückkauf einen Überschuß zu erzielen.

Wenn nun beide Parteien eines Geschäfts in dieser Weise spekulieren, so spielt sich der Vorgang, wenn man ihn in seine Bestandteile auflöst, so ab: Der Baissier, der nun zu liefern hat, borgt sich die Stücke von einem Stückeverleiher und übergibt sie dem Haussier. Dieser borgt sich gegen Verpfändung der Stücke das Geld zur Begleichung des Kaufpreises, übergibt es dem Baissier, der es dann seinem Stückeverleiher als Sicherheit für das Stückedarlehen überläßt. So primitiv spielt es sich in der Praxis natürlich nicht ab. Die Technik vereinfacht das Geschäft sehr. Aber es kommt uns ja nicht darauf an, die technichen Feinheiten kennen zu lernen, sondern das, was durch sie erreicht wird.

Wichtig ist für uns folgendes: Nach Lieferung der Stücke und Zahlung des Kaufpreises ist jede Verbindung zwischen den beiden Kontrahenten dieses Spekulationsgeschäftes gelöst. Der Haussier hat es nur noch mit seinem Geldleiher, der Baissier nur noch mit seinem Stückeleiher zu tun. Sie spekulieren auch nicht gegen diese. Denn

---

[1]) Von der irregulären Baissespekulation, welche die aus Rücksicht auf das Geschäft mit der Provinz entstandene Gepflogenheit, erst nach einigen Tagen zur Zwangsregulierung zu schreiten, zu Blankoverkäufen ausnutzt, sehe ich hier ab.

deren Ansprüche sind ganz unabhängig von Kursschwankungen fest fixiert. Es handelt sich bei ihnen nur um einfache Geld- oder Stückdarlehngeschäfte. Haussier und Baissier spekulieren nicht gegeneinander, nicht gegen ihre Leiher, sondern am Markte. Wenn sie in dem Auf und Ab der Kursbewegungen ihre Chancen richtig wahrnehmen, so können sie beide, natürlich zu verschiedenen Zeiten, mit Gewinn aus ihrem Engagement herauskommen, oder auch beide verlieren. Aber sie können die Spekulation nur durchhalten, solange es dem Stückeverleiher oder dem Geldverleiher gefällt. Ihre Lage wird ganz prekär, wenn ihnen Stücke oder Geld nicht auf bestimmte Zeit sondern auf tägliche Kündigung geliehen sind. Wird z. B. tägliches Geld sehr billig und kommt infolgedessen der Stückeverleiher bei den Zinsen, die er seinerseits dem Baissier zu zahlen hat, nicht mehr auf seine Rechnung, so wird er das Stückedarlehn dem Baissier gerade in dem für diesen ungüstigsten Moment kündigen. Denn billiges Geld ist ja häufig ein Haussemoment und der Baissier wird sich die Stücke nur mit Verlust zurückbeschaffen können. Umgekehrt wird es dem Haussier gehen, wenn Geld teuer wird. Handelt es sich nicht nur um einzelne Personen, sondern um große Parteien, die in dieser Weise am Markte operieren, so haben die Geldverleiher und die Stückeverleiher eine nahezu unbeschränkte Herrschaft über die Kurse. Schreiten z. B. die Stückeverleiher zu gleichzeitigen großen Kündigungen der Stückedarlehen, so werden die Deckungskäufe der Baissiers die Kurse in die Höhe treiben und so die ganze Baissepartei auf die Kniee zwingen.

Ich erinnere hier nur kurz an die wohl allgemein bekannte Tatsache, daß der ganze gewaltige Verkehr der größten Spekulationsbörse der Welt — wenigstens war sie es noch vor einiger Zeit — der New Yorker Börse sich in der Form des Kassageschäfts abspielt und daß die Spekulation ausschließlich auf die Benutzung der eben geschilderten Hilfsmittel angewiesen ist. Geld- und Stückedarlehen werden hier immer nur auf 24 Stunden gegeben, müssen also täglich auf der Basis des Tageskurses erneut abgeschlossen werden. New York ist stolz auf dieses Verfahren. Man erblickt einen großen Vorteil darin, daß der Markt genötigt ist, jeden Tag abzurechnen, jeder Spekulant sich also täglich über seine Situation klar wird. Bedenklich ist aber die völlige Abhängigkeit der Spekulation von jeder Schwankung des Satzes für tägliches Geld. Von einem Tag zum andern kann die Spekulation einer enormen Verteuerung des Geldes gegenüberstehen. Es ist keine Seltenheit, daß Zinssätze bis zu 25% gefordert werden, ja tägliches Geld ist gelegentlich bis auf 100% p. a. gestiegen. 100% p. a. bedeutet übrigens nur etwa 3% des Kapitals für den Tag, und es ist natürlich, daß die Haussepartei lieber eine solche Abgabe zahlt, ehe sie durch überstürzte Verkäufe den Kurs um weit mehr drückt. Immerhin werden durch diese

Abhängigkeit die Kursschwankungen sehr verschärft. Bedenklich ist dieser Zustand vor allem wegen der Möglichkeit einer willkürlichen Beeinflussung der Kurse durch die Kapitalmächte, einer Möglichkeit, die mit der in geschäftlichen Dingen in Nordamerika herrschenden Kaltblütigkeit auch ausgenutzt wird. Man hat deshalb den Zustand an der New Yorker Börse mit Recht als roh und ungesittet bezeichnet.

Daß ein großer Verkehr in diesem Zustande verharren konnte, führt Schumacher[1]) darauf zurück, daß für New York ein Wuchergesetz gilt, welches verbietet, für befristete Darlehen mehr als 6% Zinsen zu nehmen. Diese Grenze ist dem Kapital natürlich zu niedrig. Da auf tägliche Kündigung ausgeliehenes Geld nicht als befristetes Darlehen gilt, so leiht man eben nur in dieser Form aus, in der die Zinsen nicht beschränkt sind. Jedenfalls würde ein solcher Zustand gleichwohl kaum so lange zu halten gewesen sein, wenn nicht einmal die Voraussetzungen für die Bildung eines Stückeleihmarktes in Nordamerika ganz besonders günstig lägen. Denn nirgends so wie dort vereinigen sich große Effektenbestände in wenigen Händen, nirgends so wie dort sind Wertpapiere geschaffen worden, die zunächst nur „Wasser" enthielten, die sich für den Anlagebedarf zunächst überhaupt nicht eigneten, sondern nur spekulativ gehandelt werden konnten, bis das wachsende Kapital der Gesellschaft das Wasser verdrängte. Ferner aber hat die eigentümliche nordamerikanische Bankverfassung zur Folge, daß sich die Reserven der Nationalbanken an 3 Plätzen, den 3 Zentralreservestädten, unter diesen Neuyork zusammendrängen, und bei dem Fehlen eines Diskontmarktes kaum andere Verwendung finden können, als durch Ausleihung an der Börse. Es wird interessant sein zu beobachten, ob nach einer Änderung dieser Bankverfassung, die anscheinend nun kommen wird, die New Yorker Börse in der Lage sein wird, ihre jetzigen Geschäftsformen beizubehalten, oder ob sie sich genötigt sehen wird, zu höherstehenden Geschäftsformen überzugehen.

Ich habe mich mit der Spekulation auf Kredit im Wege des Kassageschäftes so ausführlich beschäftigt, nicht um zu zeigen, daß sie möglich ist. Daran zweifelt wohl niemand; es wird wohl niemand glauben können, daß die Vorgänge auf unseren Kassamärkten mit Kreditspekulation nichts zu tun haben. Mir lag nur daran zu zeigen, wie plump und gefährlich diese Spekulation ist. Wo besondere Hinderungsgründe nicht vorliegen, wird die Spekulation bestrebt sein, mit Geschäftsformen zu arbeiten, die es ihr ermöglichen, von der sofortigen Inanspruchnahme fremden Kredits bei Eingehung ihrer Engagements abzusehen, d. h. sie wird das Zeitgeschäft verwenden. Namentlich die Baissespekulation wird dahin streben. Die Haussespekulation ist noch

[1]) Weltwirtschaftliche Studien. Die Ursachen der Geldkrisis von 1907. S. 29.

am wenigsten behindert. Geld kann man schließlich auf Wertpapiere immer geliehen bekommen. Das ist nur eine Preisfrage. Kündigt der eine sein Darlehn, so bekommt man es von einem andern. Aber ein Stückeleihmarkt, wie ihn die Baissespekulation zu ihrer regelmäßigen Betätigung haben muß, wird nicht immer vorhanden sein. Denn der Baissier braucht stets eine bestimmte Spezies. Er kann nicht eine Sorte Wertpapiere durch die andere ersetzen. Darum wird vor allem die Baissespekulation zur Benutzung des Zeitgeschäfts drängen. So finden wir in der ersten größeren Spekulationsepoche, die der Norden Europas und zwar bezeichnenderweise in den Niederlanden sah, bereits das Zeitgeschäft im Dienste der Baissespekulation[1]). Es handelte sich damals um die Anteile der 1602 gegründeten Holländisch-Ostindischen Handels-Compagnie, die durch die großen Schwankungen ihrer Erträge eine Baissespekulation herausforderten. Die Haussespekulation sahen nun die mit der Gesellschaft eng verbundenen Generalstaaten ganz gerne. Die Baissespekulation paßte ihnen weniger. So erging im Jahre 1610 ein Edikt gegen die Baissespekulation, das als erstes Dokument eines gesetzgeberischen Versuchs, die Spekulation zu beeinflussen, von Interesse ist. Es begann:

„Die Regierung sieht es mit Betrübnis, daß Leute, die gar nicht bei der Ostindischen Comp. beteiligt sind, trotzdem Aktien auf Zeit verkauft haben und noch verkaufen in der Ansicht, sie bis zum Lieferungstage billiger wieder einzukaufen, wobei sie Praktiken anwenden, die den Kredit der Compagnie gröblich schädigen, wie auch Witwen und Waisen, die ihre Aktien gerade zu verkaufen gezwungen sind, in ihrer geringen Habe, arg beeinträchtigen."

Es wurde dann angeordnet, daß jeder Verkauf nach einem Monat behufs Umschreibung der Aktien auf den Namen des Käufers unter Vorlegung der Aktien bei der Gesellschaft anzumelden sei. In diesem Augenblick mußte also der Verkäufer die Aktien besitzen, auch wenn er nach der getroffenen Vereinbarung erst später zu liefern hatte. Er behielt dann bis zu dem vertraglich vereinbarten Lieferungstermine, an welchem der Käufer erst den Kaufpreis zu zahlen hatte, ein Pfandrecht an den Aktien. Damit war die Betätigung einer Baissespekulation wesentlich eingeschränkt.

Das Edikt teilte das Schicksal so vieler seiner Nachfolger, nämlich daß es ziemlich wirkungslos blieb. Aber es ist interessant, daß das neuste Börsengesetz, das italienische Börsengesetz vom 20. März 1913 eine ähnliche Bestimmung enthält, die übrigens schon vorher bestand, nämlich daß bei einem Zeitgeschäft der Käufer berechtigt ist, schon vor dem vereinbarten Lieferungstermin die Lieferung der Wertpapiere gegen

---

[1]) Vgl. Ehrenberg, Die Fondsspekulation und die Gesetzgebung. S. 4ff.

Zahlung des Kaufpreises zu fordern. Durch dieses Recht des Käufers, wenn es tatsächlich ausgeübt werden sollte, sind der Baissespekulation die Vorteile des Zeitgeschäfts entzogen. Sie kann es dann kaum wagen, zu Verkäufen zu schreiten, ohne über den verkauften Betrag alsbald zu verfügen. Eine ähnliche Bestimmung gilt übrigens auch an der Pariser Börse[1]).

Wo also keine Hinderungsgründe bestehen, werden die spekulierenden Parteien nicht Kredit von dritter Seite in Anspruch nehmen, sondern sich zunächst gegenseitig Kredit gewähren. Das tun sie, indem sie nicht auf prompte, sondern auf künftige Lieferung abschließen, d. h. indem der Verkäufer dem Käufer die Zahlung des Kaufpreises, der Käufer dem Verkäufer die Lieferung der Stücke bis zu diesem Termine stundet. Die Verwendung des Zeitgeschäfts für die Zwecke der Spekulation an Stelle des Kassageschäftes bedeutet also die Ersetzung des Kredits von dritter Seite durch gegenseitige Kreditgewährung bis zu dem vereinbarten Lieferungstage.

Die Spekulation ist nunmehr bis zum Lieferungstage vor allen Überraschungen, die von außen kommen können, sicher. Aber damit wäre ihr noch nicht gedient. Denn die beiden Kontrahenten bleiben bis zum Stichtage aneinander gebunden, und das wollen sie gerade nicht. Der Spekulant will sich jederzeit drehen können, er will jedes günstige Moment, das sich bietet, um seine Spekulation mit Gewinn aufzulösen oder einen eingetretenen Verlust zu begrenzen, ausnutzen können; er will nicht mit gebundenen Händen zusehen müssen, wie eine günstige Chance vorübergeht oder sein Verlust ins Ungemessene steigt. Die Kontrahenten wollen eben nicht gegen einander, sondern jeder will für sich am Markte spekulieren. Um wirklich für die Spekulation brauchbar zu sein, so wie es das Kassageschäft, mit dem wir uns vorhin beschäftigten, durch Hinzuziehung der Geldleiher und der Stückeleiher wird, bedarf das Zeitgeschäft noch einer Vervollkommnung, die dem Haussier die tunlichst unbeschränkte Möglichkeit gewährt, sobald ihm der Kurs günstig erscheint oder er seinen Verlust begrenzen will, an jemand anders weiter zu verkaufen und diesen als Abnehmer an seine Stelle treten zu lassen, und dem Baissier die tunlichst unbeschränkte Möglichkeit gewährt, wenn es ihm angezeigt er-

---

[1]) Soweit ich unterrichtet bin, wies der Finanzminister in der Krisis nach Ausbruch des russisch-japanischen Krieges die Agents de change an, Verkaufaufträge nur entgegenzunehmen, wenn die zu verkaufenden Wertpapiere beigefügt wären. Jedenfalls wurde an die erwähnte Bestimmung der Börsenordnung erinnert. Bei dem alle gleichzeitigen Vorgänge an der Berliner Börse bei weitem übertreffenden Zusammenbruch, der am 11. und 12. Oktober 1912 infolge der Balkanwirren in Paris eintrat, wurde wieder die Ausführung von Blankoverkäufen verweigert.

scheint, von jemand anderem zu kaufen und diesen als Lieferer an seine Stelle treten zu lassen.

Das ist nur möglich, wenn ein Markt vorhanden ist, an dem man darauf rechnen kann, immer den Gegenkontrahenten für solche Gegengeschäfte zu finden. Dieser Markt kann sich nur bilden und nur benutzt werden, beides steht im engsten Zusammenhange miteinander, wenn die Geschäfte tunlichst den gleichen Inhalt haben. Denn nur dann können die ursprünglichen Vertragsparteien darauf rechnen, daß sie ohne weiteres ein Gegengeschäft zu machen vermögen, durch das ein anderer ganz zu denselben Bedingungen, wie sie kontrahiert haben, an ihre Stelle tritt, daß sie also jederzeit, sei es mit Verlust, sei es mit Gewinn, aus ihrem Engagement heraus können, daß der Baissier, wenn er will, einen Verkäufer findet, der bereit ist, zu denselben Bedingungen zu liefern, zu denen er verkauft hat, und der Haussier, wenn er will, einen anderen Käufer findet, der bereit ist, zu denselben Bedingungen zu kaufen, zu denen er gekauft hat, und sich die Geschäfte lediglich durch die vereinbarten Preise unterscheiden. D. h. allgemein ausgedrückt: Die Geschäftsbedingungen, zu denen am Spekulationsmarkt gehandelt wird, müssen für alle Geschäfte gleich sein. Es muß namentlich auf die gleiche Erfüllungszeit gehandelt werden. Es muß auch über dieselben Einheiten gehandelt werden. So ist es z. B. in Berlin üblich, daß inländische Aktien nur in Einheiten von 5000 Taler Nennwert, ausländische Rentenpapiere in Einheiten von 20 000 M. gehandelt werden. Diese Einheiten setzt der Börsenvorstand bei der Zulassung eines Papiers zum Börsenterminhandel fest.

So gelangen wir vom einfachen handelsrechtlichen Lieferungsgeschäft zum börsenmäßig qualifizierten handelsrechtlichen Lieferungsgeschäft, dem Börsentermingeschäft. Aber es kommt noch eins hinzu. Nehmen Sie an, daß ein Haussier zu Beginn des Monats gekauft, dann das Engagement gelöst hat, weil er eine Preissenkung erwartete, den doppelten Betrag verkauft hat, dann dieses Baisseengagement mit Gewinn gelöst und sich wieder durch Käufe auf die Hausseseite geschlagen hat, nehmen Sie an, daß dies nicht nur einer, sondern viele, viele getan haben, und daß alle diese durcheinanderlaufenden Käufe und Verkäufe in einfacher Form durch Übergabe der Papiere und des Geldes von Hand zu Hand erfüllt werden sollten. Dann würde der Markt am Erfüllungstage einem Wirrwarr ohnegleichen gegenüberstehen. Denkt man sich alles körperlich ausgeführt, so könnte jemand, der sechsmal gekauft und sechsmal verkauft hat, dieselben Stücke, die er von seinem ersten Verkäufer erhalten und seinem ersten Abkäufer weitergegeben hat, noch fünfmal zu sich zurückkehren sehen, bis er sie schließlich an seinen letzten Abkäufer endgültig los wird, und er könnte die Geldstücke, die er seinem ersten Verkäufer gezahlt hat, jeweils etwas vermehrt oder etwas vermindert, noch fünfmal durch seine Hände rollen sehen, bis ihm schließlich die Beträge, um die er teurer verkauft als gekauft hat, verbleiben oder er die Beträge, um die er billiger verkauft als gekauft hat, zugelegt hat. Deshalb haben alle entwickelten Terminmärkte ein mehr oder weniger fein ausgestaltetes zentralisiertes Abrechnungsverfahren eingeführt.

Die technischen Feinheiten dieses Abrechnungsverfahrens sind für uns gleichgültig. Sie brauchen nur von den Angestellten beherrscht zu werden, die die Abrechnungsbogen auszufüllen haben. Es genügt vollkommen, wenn man weiß, daß durch dieses zentralisierte Abrechnungsverfahren dasselbe Ergebnis erzielt wird, als wenn alle Marktbeteiligte am Abrechnungstage sich einfänden und nun innerhalb der Ketten von Käufern und Verkäufern, die sich im Laufe des Monats gebildet haben, zunächst die Wertpapiere von Hand zu Hand wandern, bis sie bei dem letzten Käufer angelangt sind, dann der von dem letzten Käufer zu bezahlende Kaufpreis von diesem letzten Käufer an seinen Vormann gegeben wird und dann weiter die Kette hindurchläuft, wobei jeder dadurch, daß er etwas zulegt oder etwas zurückbehält, die Summe weitergibt, die er seinem Vormanne schuldet und schließlich der letzte Käufer mit den Wertpapieren, der erste Verkäufer mit dem ihm von seinem Abkäufer übergebenen Kaufpreis, die Zwischenpersonen aber um den Betrag bereichert, um den sie teurer verkauft als gekauft haben, oder um den Betrag erleichtert, um den sie teurer gekauft als verkauft haben, den Raum verlassen. Lehrreicher als dieses zentralisierte Abrechnungsverfahren — zentralisiert deshalb genannt, weil es von einer gemeinsamen Abrechnungsstelle bewirkt wird — ist das einfachere Verfahren, daß Zettel herumgeschickt werden, daß also, wenn B von A 5000 Taler zu 123 gekauft und dann den gleichen Betrag für 125 an C verkauft hat, er dem A einen Zettel schickt: „5000 Taler an C zu 125, 2% an mich.“ Lehrreicher deshalb, weil es zeigt, daß der Liquidationskurs oder Regulierungskurs, den bei uns der Börsenvorstand am Ende des Monats für jedes auf Termin gehandelte Wertpapier festsetzt, nur ein Verrechnungsfaktor ist, den die Technik des zentralisierten Abrecchnungsverfahrens erfordert. Daß es sich in der Tat nur um einen Verrechnungsfaktor handelt, dessen Höhe für den Erfolg der Spekulation des einzelnen gleichgültig ist, tritt am deutlichsten hervor, wenn in ein Abrechnungsschema der Liquidationspreis in verschiedener Höhe eingesetzt wird. Das Endergebnis der Abrechnung bleibt trotzdem für alle Beteiligten dasselbe[1]). Man könnte

---

[1]) Es haben verkauft: A an B für 95%, B an C für 93%, C an D für 97%, D an E für 100%, E an F für 98%. A hat hiernach 95% gegen Lieferung der Papiere zu erhalten, F, der nicht weiter verkauft hat, hat abzunehmen und hat

den Liquidationskurs eines Wertpapiers für das ganze Jahr im voraus festsetzen, ja sogar für alle Wertpapiere gleich bestimmen, die Abrechnungen würden kein anderes Ergebnis haben.

Der Börsenvorstand bestimmt den Liquidationskurs für jedes Wertpapier monatlich besonders und zwar entsprechend dem am Festsetzungstage zu Börsenbeginn tatsächlich gehandelten Kurse aus zwei Gründen. Einmal, damit bei der Ausgleichung der Differenzen möglichst wenig Geld in Bewegung gesetzt zu werden braucht. Diesem Zweck würde noch besser gedient werden, wenn der Liquidationskurs das Mittel aus dem im Laufe des Monats gehandelten höchsten und dem niedrigsten Kurse darstellte. Dieses Mittel eignet sich deshalb nicht, weil der Liquidationskurs ferner die Basis bildet für die Prolongation der am Ende des Monats noch offenen, d. h. durch kein Gegengeschäft abgewickelten Engagements, bei welchen also die Spekulanten die Kurschancen noch über das Monatsende hinaus abwarten wollen. Die Benutzung des Zeitgeschäfts befreit eben die Spekulation von der Notwendigkeit, Kredit von dritter Seite in Anspruch zu nehmen, nur bis zum Erfüllungstage. An diesem Tage tritt für sie derselbe Zustand ein, der beim Kassageschäft alsbald nach Abschluß gegeben ist, nämlich der Käufer, der nicht über das Geld verfügt, um abnehmen zu können, muß sich das Geld anderweit beschaffen, der Verkäufer, der die verkauften Wertpapiere nicht besitzt, muß sie sich leihen. Die Prolongation findet ähnlich statt wie beim Kassageschäft, nur daß die erforderlichen Leihgeschäfte fest bis zum nächsten Ultimo abgeschlossen werden. Daß diese Leihgeschäfte in Form eines Kaufs per ultimo des laufenden Monats und eines Verkaufs per ultimo des nächsten Monats abgeschlossen werden, oder umgekehrt, hat für den Juristen nichts Befremdliches[1]).

98% bei Empfang der Papiere zu zahlen. Gewinn und Verlust stellen sich im übrigen wie folgt:

A	B	C	D	E	F
	— 2	+ 4	+ 3	— 2	

a) Liquidationskurs 97%. A liefert an F, erhält dafür 97%, also 2% mehr als seinen Vertragspreis, zahlt an B (97 — 95 =) 2%, behält also nur den Vertragspreis, B zahlt an C (97 — 93 =) 4%, legt also 2% zu, C zahlt an D nichts, da der zwischen ihnen vereinbarte Kaufpreis sich mit dem Liquidationskurs deckt, behält also 4%. E zahlt an D (100 — 97 =) 3% und empfängt von F (98 — 97 =) 1%, so daß E nur 2% zulegt und F, der an A nur den Liquidationskurs mit 97% gezahlt hatte, jetzt seinen vollen Vertragspreis entrichtet hat.

b) Liquidationskurs 110%. A empfängt von F gegen Lieferung der Papiere 110%, zahlt an B (110 — 95 =) 15%, behält also nur seinen Vertragspreis mit 95%, B zahlt an C (110 — 93 =) 17%, legt also 2% zu, C zahlt an D (110 — 97 =) 13%, behält also 4%, D zahlt an E (110 — 100 =) 10%, behält also 3%, E zahlt an F (110 — 98 =) 12%, legt also 2% zu, F erhält auf diese Weise die 12% vergütet, die er über seinen Vertragspreis dem A gezahlt hat.

[1]) Dies geschieht allerdings nur beim eigentlichen Reportierungsverfahren, bei dem die Stücke zum vollen Liquidationskurs beliehen werden. Dadurch wird

Denn er erlebt ja oft genug in der Praxis, daß der wirtschaftliche Erfolg einer Verpfändung in der Form einer Eigentumsübertragung herbeigeführt wird. Trotz dieser äußeren Form handelt es sich wirtschaftlich um Gelddarlehen in Höhe des Liquidationskurses gegen Bestellung einer Sicherheit durch uneigentliche Verpfändung von Wertpapieren oder um Stückedarlehen gegen Überlassung des Liquidationskurses. Wie der Vorteil, den sich der Verleiher für die Gewährung des Darlehens ausbedingt, dargestellt wird, ist wieder eine technische Besonderheit, die man zum Verständnis der Vorgänge an sich nicht zu kennen braucht und über die sich derjenige ad hoc informieren mag, der sie aus irgendeinem anderen Grunde kennen lernen will.

Dies ist alles, was man meiner Meinung nach von den technischen Dingen wissen muß, um das Wesentliche der Vorgänge zu verstehen.

Blicken wir zurück, so erscheint uns die Verwertung des Zeitgeschäfts im spekulativen Wertpapierhandel nur als ein technisches Hilfsmittel, der einheitliche Lieferungstag nur als ein gemeinschaftlicher Abrechnungstag. Dieser Abrechnungstag kann sich ebensogut alle zwei Monate, wie alle Monate, wie alle 14 Tage wiederholen. Das ist eine reine Zweckmäßigkeitsfrage. Ihn zu weit hinauszuschieben, ist nicht rätlich, weil jeder Beteiligte bei demjenigen, mit dem er abgeschlossen hat, das Risiko der Zahlungsfähigkeit bis zum Abrechnungstage tragen muß. Denn reißt eine im Laufe des Monats gebildete Kette von Käufen und Verkäufen durch eintretende Zahlungsunfähigkeit eines Zwischenglieds, so hat derjenige, der an den Zahlungsunfähigen verkauft hat, selbst abzunehmen, und derjenige, der von ihm gekauft hat, selbst zu liefern. Sie stehen plötzlich wieder im Engagement. Das ist die Kehrseite der Benutzung des Zeitgeschäfts. Lägen die Abrechnungstermine zu weit voneinander, so würde dies das Geschäft sehr einengen, weil an die Kreditwürdigkeit der Beteiligten höhere Ansprüche gestellt werden müßten. Andererseits hat es auch seine Schattenseiten, wenn die Abrechnungstermine zu rasch aufeinanderfolgen.

---

dem Haussier in gewissem Umfange Personalkredit eingeräumt. Denn die als Sicherheit hereingenommenen Stücke decken den geliehenen Betrag nicht mehr, wenn der Kurs fällt. Mit aus diesem Grunde ziehen es heute die Geldgeber vor, sogenanntes Ultimogeld zu geben, d. h. das Geld wird dem Geldnehmer fest vor Ultimo zu Ultimo gegen Lombardierung der Wertpapiere gegeben, wobei die Wertpapiere nicht zum vollen Kurswert als Deckung berechnet werden. Er muß also noch weitere Sicherheit stellen und wenn im Laufe des Monats die Deckung unter den angenommenen Wert fällt, die Sicherheit ergänzen. Ultimogeld dient übrigens auch in großem Umfange zur Prolongation von Kassageschäften. Dies wird dadurch ermöglicht, daß der Geldnehmer befugt ist, Stücke aus dem Depot herauszunehmen und durch andere Werte zu ersetzen. Es ist daher falsch, aus der Höhe des Postens „Reports und Lombards“ in den Bankbilanzen auf die Größe der noch schwebenden Terminengagements zu schließen. Wenigstens zeitweise spielen die Engagements im Kassageschäfte die größere Rolle.

Der Geldmarkt wird dann durch die Aufbringung der Differenzen zu oft beunruhigt und die Schwierigkeiten und Kosten der häufigen Prolongationen belasten die Spekulation zu sehr.

Die Tatsache, daß die Benutzung des Zeitgeschäfts im spekulativen Wertpapierhandel nur ein technisches Hilfsmittel, kein durch die Natur der Hauptmasse der Geschäfte bedingtes Erfordernis ist, erklärt uns auch, warum im Wertpapierterminhandel regelmäßig nur auf den nächsten Abrechnungstag, d. h. bei uns auf den Ultimo des laufenden Monats gehandelt wird[1]). Ganz anders im Warenterminhandel, in dem vermöge seiner engen Verbindung mit dem Effektivhandel und dessen langsichtigen Operationen Geschäfte auf ein Jahr hinaus vorkommen. Bezeichnend ist auch, daß im Berliner börsenmäßigen Getreidezeithandel nur Abschlüsse auf Lieferung in bestimmten 5 Monaten, die für den Effektivhandel eine besondere Rolle spielen, üblich sind.

Wenn Sie mich nun als echte Juristen, die gewöhnt sind, mit festen Rechtsbegriffen zu arbeiten, nach einer Begriffsbestimmung des Börsentermingeschäfts fragen, so kann ich Ihnen nur die Antwort geben, die Ihnen schon das neue Gesetz durch sein Schweigen auf diese Frage erteilt: Es gibt keine Begriffsbestimmung des Börsentermingeschäfts. Die Begriffsbestimmung ist in dem neuen Gesetz nicht deshalb weggelassen worden, weil man es nach dem Mißerfolg des alten Gesetzes vorzog, die Feststellung des Begriffs „der Rechtsprechung und der Wissenschaft" zu überlassen. Das alte Börsengesetz hatte in seinem § 48 eine Begriffsbestimmung gegeben, die nur der Erscheinungsform des Börsentermingeschäfts bei der Entstehung des Gesetzes entsprach, deren Wortlaut daher auf die Äquivalentformen dieser Erscheinungsform, die sich alsbald einstellten, nicht zutraf. Es wäre ein Blatt Papier geblieben, wenn nicht das Reichsgericht diese Begriffbestimmung nur als ein Beispiel behandelt und die Vorschriften des Gesetzes auch auf die Äquivalentformen angewendet hätte. Derselbe Mißerfolg wäre einer neuen Begriffsbestimmung, die diesen Namen verdient hätte, d. h. die nicht selbst wieder mit nicht bestimmbaren Begriffen gearbeitet hätte, unweigerlich beschieden gewesen. Die Aufgabe ist unlösbar. Denn es gibt keinen Rechtsbegriff, sondern ein Wesen des Börsentermingeschäfts, ein Wesen, das sich ergibt aus der Funktion, die das Geschäft ausübt oder wenigstens, auszuüben, bestimmt ist. Dieses Wesen kann ich aber auch heute nicht besser beschreiben als mit den Worten der Begründung zu dem neuen Gesetze:

[1]) Erst gegen Ende des Monats kommen Geschäfte auf den Ultimo des nächsten Monats vor. Bei Prämiengeschäften, Stellagen und Nochgeschäften sind dagegen langsichtige Spekulationen häufig.

„Das Börsentermingeschäft ist von vornherein darauf angelegt, die Möglichkeit, durch Abschluß eines Gegengeschäfts für das eingegangene Engagement Deckung zu suchen, in denkbar weitestem Maße zu erleichtern. Der Geschäftsinhalt hat zu diesem Zweck alles Individuelle abgestreift und ist auf typische Bedingungen zurückgeführt. Zwar macht sich auch sonst im Handel das Bestreben bemerkbar, im Interesse der Vereinfachung des Geschäftsverkehrs typische Abschlußbedingungen zugrunde zu legen. Demgegenüber erhält das Börsentermingeschäft seine Besonderheit durch die Beziehung zu einem bestehenden Terminmarkt, auf dem jederzeit ein völlig gleiches Geschäft abgeschlossen werden kann und auf dem sich für solche Geschäfte Preise und Usancen bilden, die die gleichzeitige Abwicklung großer Mengen von Geschäften im Wege der Überweisung und Verrechnung ermöglichen.“

Das Börsentermingeschäft ist also seinem Wesen nach Massenerscheinung. Von zwei Geschäften, die dem Inhalt nach, den Gegenstand ausgenommen, völlig gleich sind, kann das eine ein gewöhnliches handelsrechtliches Lieferungsgeschäft, das andere aber ein börsenmäßig qualifiziertes handelsrechtliches Lieferungsgeschäft, also ein Börsentermingeschäft sein, weil das eine ein gelegentliches Individualgeschäft ist, das nur zufällig in seinem Inhalt dem anderen Geschäft gleicht, während das andere die Bedingungen eines Terminmarktes benutzt vermöge seiner Zugehörigkeit zu diesem Terminmarkt. Ist aber das einzelne Termingeschäft für sich genommen, ausgesondert aus seinem Zusammenhang als solches nicht erkennbar, so kann es auch nicht juristisch definiert werden. Es gibt nur Anzeichen für das Vorliegen eines Börsentermingeschäfts, nicht Begriffsmerkmale. Das wichtigste Anzeichen für das Vorliegen eines Börsentermingeschäfts ist, daß es nach den Bedingungen geschlossen ist, die der Börsenvorstand für den Börsenterminhandel festgesetzt hat. Aber wir kennen auch einen freien, nicht vom Börsenvorstand reglementierten Terminhandel Höchstens kann man versuchen, bestimmte Merkmale aufzustellen, ohne die ein Zeitgeschäft nicht die Funktion des Börsentermingeschäfts ausüben kann, bei deren Fehlen also das Vorliegen eines Börsentermingeschäfts ohne weiteres verneint werden darf. Aber man sollte dabei sehr vorsichtig sein und sich nicht zu sicher glauben. Denn das Börsentermingeschäft hat seine Proteusnatur unter dem alten Gesetz genügend gezeigt. Es kann seine technische Funktion in den verschiedenartigsten äußeren Erscheinungen ausüben.

Wir wollen also nicht mehr der Behauptung glauben, daß der „Begriff“ des Börsentermingeschäfts nach dem Stande der Rechtsprechung und nach dem Sprachgebrauch zur Zeit der Entstehung des Gesetzes zu bestimmen ist. Allerdings erkennt die Begründung des Gesetzes an, daß das Reichsgericht, wenigstens in den bis dahin veröffentlichten Entscheidungen, das Vorliegen eines Börsentermingeschäfts stets zutreffend erkannt habe. Aber sie identifiziert sich keineswegs mit den Gründen des Reichgerichts. Vor allem wird man den Umstand, auf den die Gesetzesbegründung den Hauptwert legt, nämlich nicht nur die Beziehung zu einer Börse, sondern zu dem besonders gearteten Börsenterminmarkt, also die Eigenschaft der Massenerscheinung vergeblich in den Urteilsgründen suchen. Daß es nicht die Absicht des Gesetzes sein konnte, die Rechtsprechung auf ihre bisherigen Ergebnisse festzulegen, das ergibt sich klar und deutlich aus den Worten der Begründung:

„Nur bei völliger Freiheit (von einer Begriffsbestimmung) wird die Rechtsprechung in der Lage sein, den wechselnden Formen des Handels frei zu folgen[1]."

Es war also wohl nicht berechtigt, wenn Laband in einer Besprechung des Entwurfs zu dem neuen Gesetze, nachdem er festgestellt hatte, daß so ziemlich alle bisher als wesentlich angesehenen Begriffsmerkmale verworfen wurden, ausrief: „Was ist das für ein Rechtsbegriff, dem alle Merkmale fehlen[2]." Eher wäre vielleicht der Vorwurf berechtigt gewesen, daß eine besondere, einschneidende rechtliche Regelung unternommen würde, ohne daß der Gegenstand dieser Regelung mit Gesetzesworten scharf umschrieben werden konnte. Dieser Vorwurf trifft aber, wenn er berechtigt sein sollte, jedenfalls nicht das neue Gesetz. Es mußte eine Regelung des Börsentermingeschäfts bringen und es konnte ihm andererseits nicht zugemutet werden, eine Begriffsbestimmung zu geben, an die es selbst nicht glaubte. Einfach auf den Begriff des Zeitgeschäfts zurückzugreifen, wie dies z. B. in dem schon zitierten französischen Gesetz von 1885 und andererseits in der preußischen Verordnung vom 26. Mai 1844 geschehen konnte, war bei der Art der Regelung, wie sie für das in seinen Grundlinien durch das alte Börsengesetz festgelegte Gesetz nur in Betracht kam, nicht möglich.

Unsere Richter werden daher an die Frage, ob ein Börsentermingeschäft vorliegt, ohne die Stütze aber auch ohne die Fessel einer Begriffsbestimmung herantreten müssen. Indessen darf man sagen, daß die Frage wenigstens im Wertpapierhandel nicht übertrieben schwierig ist, schon deshalb, weil einfache handelsrechtliche Lieferungsgeschäfte in diesem Handel nicht so alltäglich sind und sich dann wenigstens für den, der das Wesen des Börsentermingeschäfts versteht, leicht als ge-

[1]) Näheres insbesondere auch über die neuere österreichische Gesetzgebung in meinem Aufsatze: Zur „Begriffsbestimmung" des Börsentermingeschäfts. Bank-Archiv v. 1. Juni 1913, S. 271.

[2]) Bank-Archiv vom 15. Dezember 1907, S. 83.

legentliche Individualgeschäfte erkennen lassen. Schwieriger ist die Frage beim Warenhandel wegen des häufigen Vorkommens des nicht qualifizierten Zeitgeschäfts und seiner feineren Ausbildung. So mißlich auch die Folgen im Einzelfalle für den Betroffenen sein können, berechtigte Interessen allgemeinerer Art werden kaum verletzt werden, wenn ein Zeitgeschäft für ein Börsentermingeschäft erklärt wird, bei dem dieser Charakter zweifelhaft sein kann. Denn die Kreise, die wirksam Börsentermingeschäfte abschließen können, sind so weit bestimmt, daß Geschäfte mit berechtigtem wirtschaftlichem Zweck wohl nie gefährdet oder behindert sind.

Kehren wir nun zu unserem Ausgangspunkt zurück: Im Wertpapierhandel ist die Notwendigkeit, die Deckung für einen künftigen Bedarf im Voraus zu einem bestimmten Preise zu sichern oder für eine Ware, für die sich der effektive Bedarf noch nicht meldet, die Unterbringung zu sichern, bis der Bedarf aufnahmebereit sein wird, kein regelmäßiges, sondern nur ein gelegentliches Bedürfnis. Die Ausbildung eines Zeitgeschäfts, das darauf angelegt ist, Massenerscheinung zu sein, kann also aus den Bedürfnissen des effektiven Wertpapierhandels nicht erklärt werden. Denn der effektive Handel in Wertpapieren könnte solche Geschäfte in Massen garnicht zeitigen. Die Ausbildung ist nur zu erklären aus den Bedürfnissen der Spekulation, die das Termingeschäft benutzt, weil sich in dieser Geschäftsform ihr Kreditbedürfnis am leichtesten befriedigen läßt, sie durch die Benutzung des Termingeschäfts wenigstens für eine gewisse Zeit der Notwendigkeit enthoben wird, Kredit von dritter Seite in Anspruch zu nehmen, und weil sich, was im Grunde dasselbe besagt, in dieser Form ihre massenhaften Umsätze am leichtesten bewältigen lassen.

Das Börsentermingeschäft in Wertpapieren können wir nur unter dem Gesichtspunkt einer Handelsform für die Spekulation betrachten.

Dies schließt natürlich nicht aus, daß sich dieser Handelsform, weil sie eben einmal da ist, zahlreiche Geschäfte bedienen, die mit Spekulation nichts zu tun haben, mitunter sogar das Gegenteil sind. Zwar den seit der Börsenenquetekommission immer wiederkehrenden „Offizier oder Beamten, der auch einmal in die Lage kommen kann, ein Börsentermingeschäft abzuschließen", z. B. wenn ihm am 1. Oktober eine Hypothek zum 1. Januar gekündigt wird und er sich den gegenwärtigen günstigen Kursstand für die Neuanlage des erst künftig freiwerdenden Geldes sichern will, diese legendäre Persönlichkeit wollen wir ruhig beiseite lassen. Denn wir wollen hoffen, daß sie ihr Geld in einem deutschen, festverzinslichen Wertpapier anlegen wird. Von diesen werden nur die 3% Reichsanleihe, die 3% Preußische Konsols und die 3% Sächsische Rente bei uns auf Termin gehandelt. Sie wird aber auch in diesen

Papieren vielleicht billiger fortkommen, wenn sie per cassa kaufen läßt, denn sie kann ja für den gestundeten Kaufpreis ausgiebige Sicherheit stellen.

Doch da diese bequeme Geschäftsform des Börsentermingeschäfts einmal vorhanden ist, wird sie natürlich sehr gern auch für Käufe oder Verkäufe verwendet, die durch effektive Lieferung oder Abnahme abgewickelt werden sollen, für die also das Kassageschäft auch ausreichen würde. Z. B. für einen Rechtsanwalt, der einen Nachlaß zu liquidieren hat, in dem sich Papiere befinden, die auch per ultimo gehandelt werden, wird es sich meist empfehlen, die Veräußerung im Termingeschäft vornehmen zu lassen. In diesem läßt sich ein bedeutender Auftrag viel leichter und vorsichtiger ausführen, als in dem in Berlin durch die Einrichtung des Einheitskurses noch besonders schwerfälligen Kassageschäft. In einer solchen Ausnutzung des Terminmarktes liegt nichts, was irgendwie beanstandet werden könnte. Der color der Spekulation verschwindet ja, wie § 57 des Gesetzes ausdrücklich anerkennt[1]), durch die effektive Erfüllung. Ebenso empfiehlt es sich, größere Käufe am Terminmarkt, nicht im Kassageschäft vornehmen zu lassen.

Auch die Wertpapierarbitrage, die Kursverschiedenheiten an einer ausländischen und an einer inländischen Börse durch Käufe an der einen und Verkäufe an der anderen Stelle ausnützt, bedient sich natürlich gern des Termingeschäftes, wo es ihr zu Gebote steht. Wenn sie effektiv liefern und abnehmen will, ist es für sie sehr angenehm, wenn sie z. B. per medio in London abnehmen und per ultimo in Berlin liefern kann.

Es kommen ferner Geschäfte am Terminmarkte vor, die sich als solche weder in ihrer Abwicklung noch sonst von den Geschäften einer reinen Kursspekulation unterscheiden, die aber gleichwohl nicht in der Hoffnung geschlossen werden, an dem Geschäft zu verdienen, sondern eher in der Hoffnung, an ihm zu verlieren, nämlich Preissicherungsgeschäfte, wie wir sie am Warenmarkt kennen lernten. Z. B. ein Emissionshaus hat einen größeren Posten von Aktien zu einem festen Preise mit der Verpflichtung übernommen, die Papiere an der Börse einzuführen, kann aber aus irgend einem Grunde die Einführung noch nicht vornehmen. Zur Sicherung gegen eine allgemeine Kurssenkung, die es nötigen würde, das Papier unter dem Übernahmepreise an den Markt zu bringen, verkauft es einen Posten des Standardpapiers des Marktes, dem die Aktie angehört, z. B. bei Eisenwerten von Phönix, in blanco auf Termin. Tritt dann die gefürchtete Senkung des Kursniveaus ein, so wird es für den Gewinnausfall oder den Verlust, den es bei seinem Emissionsgeschäft erleidet, durch den Gewinn, den es bei Deckung

---

[1]) Siehe oben S. 9.

seines Baisseengagements erzielt, entschädigt. Natürlich ist es aber dem Hause viel lieber, es kann seine Emission mit Vorteil herausbringen, und es nimmt dann den Verlust, den es bei Deckung des Terminengagements erleidet, gern in den Kauf, wenn es ihm nicht gelingen sollte, durch geschickte Ausnutzung des Moments einen Verlust überhaupt zu vermeiden. Auch sonst sind im Effektenhandel die Fälle nicht selten, in denen ein Interesse an einer effektiven Ware zu Operationen am Terminmarkt nach der anderen Richtung, als dieses Interesse liegt, Anlaß geben kann. So hört man in kritischen Zeiten oft genug von Blankoverkäufen in irgend einem Terminpapier zur Schaffung eines Gegenpostens für das auf den eigenen Beständen lastende Risiko eines größeren Kursverlustes[1]). Auch hier zeigt sich, ebenso wie beim Warengeschäft, daß die effektive Ware, die den Anlaß zu der Operation am Terminmarkt gibt, nicht identisch zu sein braucht mit dem Gegenstand des Termingeschäfts[2]).

So häufig solche Geschäfte am Wertpapierterminmarkt, die durch ein Interesse an der effektiven Ware veranlaßt werden, auch sein mögen, daß sich aus ihnen kein Terminmarkt bilden kann, geht schon daraus hervor, daß nur wenige industrielle Gebiete bei uns Ultimopapiere stellen, nämlich im wesentlichen nur Steinkohle, Eisen und Elektrizität. Braunkohle, Kali, chemische Industrie, Textilindustrie, besitzen kein Terminpapier, obwohl doch bei ihren Papieren ein Interesse an der effektiven Ware wahrscheinlich ebenso oft die Benutzung des Termingeschäfts zu den vorgedachten Zwecken erwünscht machen würde, wie bei Steinkohlen-, Eisen- und Elektrizitätspapieren. Alle solche Termingeschäfte in Wertpapieren mit berechtigtem wirtschaftlichem Zweck, sind eben nur Ausnutzung eines durch die reine Spekulation geschaffenen Marktes, der für den effektiven Wertpapierhandel keine Notwendigkeit, sondern nur eine Annehmlichkeit bedeutet.

---

[1]) Solche Geschäfte können natürlich auch für einen Privatmann, der über große Effektenbestände verfügt, zweckmäßig sein.

[2]) Am deutlichsten tritt dies hervor bei dem von Riesser gern angeführten Beispiel, daß ein Kohlenhändler, der Kohlen auf längere Zeit hinaus verkaufen muß, solange er sich selbst die Kohlen noch nicht zu festem Preise sichern kann, sich gegen eine Preissteigerung von Kohle dadurch versichert, daß er Steinkohlenaktien auf Termin kauft. Er hofft dann, daß eine Steigerung der Kohlenpreise, die seinen Gewinn in dem Warengeschäft gefährdet, den Kurs der Kohlenaktie hinauftreiben werde, daß ihn also der Gewinn am Wertpapiermarkte entschädigen werde. Eine solche Operation kann freilich seit dem Bestehen des Kohlensyndikats nicht mehr in Frage kommen. Ob sie vorher zweckmäßig war, mag auch zweifelhaft sein, da ja Wirtschaftskonjunktur und Börsenkonjunktur sich bekanntlich nicht decken, die Kohlenpreise noch steigen können, wenn die Kurse am Aktienmarkt schon den Höhepunkt überschritten haben.

Wenn wir nun uns noch kurz mit den Vorteilen und den Nachteilen des Terminhandels in Wertpapieren zu beschäftigen haben, so müssen wir solche bloße Nebenerscheinungen beiseite lassen. Das Börsentermingeschäft in Wertpapieren ist nur zu betrachten „als die technisch vollkommenste Form des Spekulationsgeschäfts[1])“. Wir müssen uns aber auch bewußt bleiben, daß das Börsentermingeschäft nur eine Handelsform ist, deren sich die Spekulation bedient, und nicht die einzige Handelsform, deren sie sich bedienen kann. Es wäre recht einseitig, wenn eine Betrachtung der Spekulation an deutschen Börsen sich nur auf den Terminhandel beschränken wollte. Die Spekulation in Kassapapieren nimmt einen immer weiteren Umfang an und auch in Terminpapieren ist die Kleinspekulation des Publikums im Wege des Kassageschäfts manchmal recht groß.

Für die Vorteile und Nachteile der Spekulation kann selbstverständlich die Handelsform, deren sie sich bedient, nicht verantwortlich gemacht werden. Darin, daß man die Handelsform und die sich in ihr betätigenden Kräfte oft nicht genügend auseinandergehalten hat, liegt der Grund, daß so viel Widersprechendes über das Termingeschäft geschrieben und geredet worden ist und noch wird.

Ich halte es z. B. nicht für richtig, wenn die bekannte, durch ihr statistisches Material wertvolle Denkschrift des Zentralverbandes des deutschen Bank- und Bankiergewerbes[2]) eine „signalisierende Wirkung“ als spezifische Eigenschaft für den Terminhandel in Anspruch nimmt mit den Worten:

„Die Schwankungen der von den Interessenten ständig im Auge behaltenen Aussichten auf die Ertragsfähigkeit dieser Papiere (der im Börsenterminhandel umgesetzten Papiere) gestalten den Markt in ihnen so lebhaft, daß die Kurse die Bewegungen der Konjunktur beinahe prompt signalisieren.“

Anscheinend beruht diese Bemerkung auf Beobachtungen von einem Standpunkt aus, der sich hoch über das Niveau der Vorgänge erhebt, so hoch, daß die einzelnen Linien dem Auge verschwimmen. Es ist diese vermeintliche signalisierende Wirkung, die der Börse Bezeichnungen wie „Gehirn der Volkswirtschaft“, „Meßinstrument für die feinsten Schwingungen im Nervensystem des wirtschaftlichen Körpers“, „automatisch registrierendes Barometer der Konjunktur“ eingetragen hat. So erfreulich auch diese Bezeichnungen für die Börse klingen mögen, sie täte besser, sie abzulehnen, und alle, denen es daran liegt, wirkliches Verständnis für die Wertpapierbörse zu erwecken, täten besser, sie nie zu verwenden.

[1]) Begründung zum Entwurf des neuen Börsengesetzes S. 11.

[2]) Denkschrift, betr. die Wirkungen des Börsengesetzes vom 22. Juni 1896 und der durch das Reichsstempelgesetz vom 14. Juni 1900 eingeführten Börsensteuer.

Sie erwecken nur Vorstellungen und Erwartungen, die die Börse enttäuschen muß. Aber wenn sie getäuscht werden, veranlassen sie nur zu oft unverdiente Vorwürfe und Angriffe.

Daß die Börsenkurse spekulativ gehandelter Wertpapiere, von denen ich hier allein spreche, nicht objektiv die äußeren Vorgänge signalisieren oder registrieren können, das ergibt sich schon daraus, daß die momentanen Verhältnisse im Innern der Börse, die mit der Konjunktur nicht notwendig im Zusammenhange stehen, einen starken Einfluß auf das Verhalten der Börse haben müssen. Wir haben, und zwar auch vor dem alten Börsengesetz, Zusammenbrüche erlebt, zu Zeiten politischer Ruhe und ohne Konjunkturstörung, die allein in den eigenen Verhältnissen der Spekulation ihre Ursache hatten. In Zeiten der Hochspekulation kann durch das bloße Ausbleiben neuer Käufer, das lediglich in der Erschöpfung der Käuferschichten seinen Grund hat, oder wenn ein Teil der Spekulation seine Engagements z. B. infolge von Verlusten an auswärtigen Börsen lösen muß, das Vertrauen in den Fortbestand der Konjunktur erschüttert und ein scharfer Rückschlag verursacht werden. Auch die Wirkung eines äußeren Vorgangs auf die Börse hängt im hohen Grade von der inneren Situation ab, in dem der Vorgang die Börse trifft. Dies war in der Balkankrise des Jahres 1912 genau zu beobachten. Während die plötzliche Erkenntnis der politischen Situation an den Börsen von Berlin, Paris, Wien und Petersburg, unter die bis dahin von einem sieghaften Optimismus beseelte Spekulation trat wie Odysseus unter die Freier[1]), erwies sich London, wo man schon längere Zeit besorgt gewesen war und sich von Übertreibungen fern gehalten hatte, zunächst als viel widerstandsfähiger. Nach kurzer Zeit mußte es allerdings, trotz des starken Rückhaltes an New York, das die Gelegenheit benutzen wollte, seine Werte billig zurückzukaufen, um sie dann teurer wieder abzugeben — wobei es sich übrigens verrechnet hat — den von dem entsetzten Kontinent herüberdringenden Verkaufsandrang weichen. Denn die Möglichkeit, einer eigenen Tendenz zu folgen, ist heute für jede Börse beschränkt.

Wenn wir auch von den krisenhaften Erscheinungen absehen, so hat doch die innere Verfassung der Börse stets ihre große Bedeutung. Um nicht zu viel Fragen anzuschneiden, will ich hier nur auf das Kreditmoment verweisen. Die Zurückziehung eines großen Guthabens, das

[1]) Es soll auch hier betont werden, daß die Berliner Börse unter den genannten kontinentalen Börsen immer noch am besten funktioniert hat. An den großen Spekulationsmärkten hat das in geradezu überwältigenden Massen herauskommende Material noch immer Unterkunft gefunden. Vorgänge wie in Paris, Wien und Petersburg, wo die Börsen an einzelnen Tagen einfach versagten, sind Berlin erspart geblieben. Auch ist trotz der enormen ultimo Oktober zu zahlenden Differenzen — es handelte sich um etwa 50 Millionen Mark — keine Zahlungseinstellung von Belang vorgekommen.

bislang der Börse zur Verfügung gestellt werden konnte, vermag dieses sogenannte Gehirn der Volkswirtschaft blutleer zu machen, so daß es nur zögernd auf die Vorgänge draußen reagiert. Wenn die Börse das Barometer der Volkswirtschaft ist, so hat dieses Barometer keine feste Skala. Es wechselt stetig seine Empfindlichkeit.

Vor allem ist die Börse kein selbständiges Wesen, das bestimmten Gesetzen folgt. Man hat davon gesprochen, daß zwar Meinungen an der Börse herrschen, aber daß, indem Meinungen und Gegenmeinungen einander gegenübertreten, ein Ausgleich der Fehlerquellen eintreten muß, der zum richtigen Ergebnis führt. Das ist wiederum nur Theorie, die durch die Erfahrungen der Praxis fast täglich widerlegt wird. Vielleicht behielte die Theorie recht, wenn es sich um Meinungen von sachkundigen Personen handelte, die kühl und vorurteilslos die wirtschaftlichen Vorgänge und ihre Wertung, wie sie sich in den Kursen der Wertpapiere ausdrückt, prüfen und einseitige Strömungen nicht aufkommen lassen. Doch hinter der dünnen Schicht dieser Personen steht die große breite Masse. Die Wertpapierbörse ist nun einmal Vermittelungsstelle für das Publikum. Da das Publikum die Werte übernehmen soll, ist es auch am letzten Ende ausschlaggebend für die Börse. Das Publikum aber wird von Stimmungen regiert. Die Frage, die die Börse immer zu beantworten hat, ist, wie ein Ereignis auf die Stimmung des Publikums wirken wird. Sie kann versuchen, durch Bewegungen, die sie selbst aus eigener Meinung inszeniert, dem Publikum Signale zu geben, es zur Nachfolge zu veranlassen. Aber solche Bewegungen verpuffen in der Luft, wie die Stöße eines Motors, der nicht mit dem Triebrade gekuppelt ist, wenn das Publikum nicht Gefolgschaft leistet, eine Beobachtung, die wir in der zweiten Hälfte des Jahres 1913 immer wieder machen konnten. Die Börse kann versuchen, einer Bewegung, die von dem Publikum ausgeht, zu widerstehen. Aber selbst die stärkste Börse — stark hier im Sinne von eigener Kapitalkraft und daher eigener großer Aufnahmefähigkeit — ist naturgemäß beschränkt. Wenn sich das Publikum nicht bald beruhigen läßt, so wird der Widerstand nur kostspielig. Abgesehen davon, daß die Börse immer die besten Geschäfte macht, wenn sie den Intentionen des Publikums vorauseilt — sie wird, wie jede Erwerbstätigkeit, von der Absicht geleitet, zu verdienen und nicht volkswirtschaftliche Missionen zu erfüllen — ist keine Börse stark genug, um der Wucht des Publikums längere Zeit zu widerstehen. Stimmungen und Massensuggestionen beherrschen den Markt und, wenn wir bei der öffentlichen Meinung nicht höchste Weisheit suchen, können wir auch nicht erwarten, in dem Ausdruck dieser Meinung an der Börse höchste Weisheit zu finden.

Wie ein Ereignis auf die Stimmung wirken wird, ist nicht

so schwer vorauszusehen, wenn eine ausgesprochene Tendenz die Stimmung beherrscht, meist aber kaum möglich. Es ist vielleicht nicht so sehr zu bedauern, daß es so ist. Sonst wäre die Überlegenheit der berufsmäßigen Spekulation über das Publikum noch größer. Die berufsmäßige Spekulation muß vor diesen Stimmungen die Waffen strecken, wenn sie sich nicht verbluten will. Es war daher gewiß ungerecht, der „Börse“ einen Vorwurf daraus zu machen, daß sie nicht mannhaft und patriotisch dem Oktobersturm des Jahres 1912 trotzte. Der Vorwurf hätte sich gegen das Publikum richten sollen. Es ist aber auch falsch, den Bewegungen der Kurse eine allzu große symptomatische Bedeutung beizumessen, aus der Stärke der Bewegungen auf die Stärke ihrer doch nur mittelbaren Ursachen, der Vorgänge im Wirtschaftsleben zu schließen. Daß die Börse gleichwohl die Grundlinien der wirtschaftlichen Entwicklung immer richtig erkennt, trifft zu, ist aber doch nur selbstverständlich. Denn draußen im Wirtschaftsleben muß die Welle immer wieder zu Berg gehen, sich überschlagen und wieder sinken. Wenn nun nach längerer oder kürzerer Stagnation, wie sie regelmäßig den bitteren Verlusten bei dem Zusammenbruch der letzten Börsenkonjunktur folgt, sich allmählich der Spekulationsgeist im Publikum wieder regt, und die Überzeugung, daß es doch einmal Frühling werden muß, das Publikum wieder an die Börse treibt, dann mag die Industrie den neu einsetzenden Elan der Börse als ein Signal ansehen, sich für die kommende Wirtschaftskonjunktur zu rüsten, doch darf sie von der Börse keine Auskunft darüber fordern, wann die Konjunktur beginnen wird, ob schon morgen oder erst in einem Jahr[1]). Sicherer schon weiß sie, daß wieder die Zeit kommt, ihre Kapitalbedürfnisse durch Ausgabe neuer Wertpapiere zu befriedigen. Die dadurch der Industrie neu zuströmenden Mittel können dann den Aufschwung zeitiger eintreten lassen. Diese naturgemäße anregende Wirkung hat aber mit einer signalisierenden Wirkung nichts zu tun. Von einer signalisierenden Wirkung kann nur in sehr beschränktem Sinne die Rede sein[2]).

---

[1]) Mit großer Skepsis ist namentlich die Bewertung der einzelnen Unternehmungen aufzunehmen. Bei dem Vorherrschen ausgesprochener Tendenzen ist die Börse gar nicht imstande zwischen den einzelnen Werken zu unterscheiden. So setzte sie im Herbst 1909 kritiklos die Aktien der Eisenwerke hinauf, ohne die üble Lage der oberschlesischen Werke zu beachten. Im übrigen ist es interessant zu beobachten, welchen Einfluß es auf die Kursbewegung hat, ob ein Werk inmitten einer Gegend liegt, deren Bevölkerung stark spekulativ veranlagt ist und sich für die Aktie interessiert, oder ob keine nennenswerte lokale Spekulation besteht und die Aktien überall verteilt sitzen. Bei den ersteren kann man eher eine individuelle Bewertung voraussetzen. Ich erinnere auch hier an den oben S. 28 gemachten Vorbehalt.

[2]) Es ist nicht richtig, daß sich hierin noch die Schwächung der Börse durch das alte Börsengesetz äußert. Es war vor dem alten Börsengesetz in Berlin nicht anders und ist auch heute an den großen Auslandsbörsen nicht anders.

Aber ob signalisierende oder anregende Wirkung, es ist doch zunächst das spekulative Interesse, das zur Beobachtung der Vorgänge im Wirtschaftsleben veranlaßt, das Hoffnungen und Meinungen zeitigt, zu Käufen und Verkäufen anregt, die Kurse hinauf- und heruntertreibt. Das hat mit der benutzten Handelsform zunächst nichts zu tun.

Auch die sogenannte marktbildende Kraft des Terminhandels ist zunächst nur eine Wirkung der Spekulation, des Interesses, das sie in weite Kreise trägt. Die Erfolge der anderen Spekulanten ziehen die Mitläufer heran.

Wenn schließlich betont worden ist, daß der Terminhandel für das Reportgeschäft nicht zu entbehren ist, welches auf kurze Zeit verfügbare Gelder anzulegen ermöglicht, so wissen wir ja, daß in New York der Kassaspekulant täglich reportiert wird, und bei uns stetig große Summen auch auf kurze Zeit an die Kassaspekulation ausgeliehen werden.

Andererseits ist es nicht richtig, daß die Spekulation durch die Zulassung zum Börsenterminhandel auf ein Wertpapier hingezogen wird. Es wäre vielleicht ganz erwünscht, ein Mittel an der Hand zu haben, das allerdings nur äußerst vorsichtig gehandhabt werden dürfte, um das Interesse der Spekulation auf vernachlässigte Marktgebiete hinzulenken. Wir lesen auch oft genug, daß die Ankündigung des Antrags auf Zulassung eines Wertpapiers zum Börsenterminhandel von der berufsmäßigen Spekulation mit der Heraufsetzung des Kurses begrüßt worden ist. Übrigens sind solche auf Erkundigungen im Markte beruhenden Angaben häufig nichts anderes als bloße Erklärungsversuche für Vorgänge, deren wirkliche Gründe, denen die dort ihre Kurse ausrufen, nicht bekannt sind. Die Angaben bewegen sich deshalb so gern in den nun einmal hergebrachten Gedankengängen. Da die Spekulation von Bewegungen lebt und, wenn sie sich nicht von selbst einstellen, bestrebt ist, sie hervorzurufen, so mag es jedoch oft genug vorkommen, daß auch dieser Anlaß benutzt wird. Aber sehr häufig läßt die Enttäuschung nicht auf sich warten, so häufig, daß die Zulassung zum Börsenterminhandel schon als Baissemoment bezeichnet worden ist[1]). Es darf unter den heutigen Verhältnissen, wo so viele Konkurrenzobjekte vorhanden sind, als fester Erfahrungssatz hingestellt werden, daß, wenn das spekulative Interesse einem Wertpapier nicht anhaftet, auch die Zulassung zum Börsenterminhandel es nicht zu wecken vermag, und daß, wenn das spekulative Interesse in einem Papier steckt, die Versagung der Zulassung die Spekulation nie hindern wird, sich mit dem Papier zu beschäftigen.

[1]) Wenn größere Käufe in der Hoffnung auf die Kurssteigerung gemacht worden sind, so bringt das Ausbleiben der Kurssteigerung das aufgenommene Material wieder an den Markt und drückt auf den Kurs.

Durch die Zulassung des Börsenterminhandels werden der Wertpapierspekulation nicht neue Gebiete erschlossen, sondern es werden ihr Gebiete, deren sie sich auch mittels einer minder eleganten Handelsform bemächtigen würde, lediglich gangbarer gemacht. Die bessere Handelsform ist, wie dies auch gar nicht anders sein kann, nur ein Moment von sekundärer Bedeutung[1]).

Die Zulassung eines Papiers zum Börsenterminhandel sollte darum immer nur als eine börsentechnische Maßregel aufgefaßt werden, bestimmt, einem bereits vorhandenen oder zu erwartenden großen Verkehr die für ihn geeignete Geschäftsform zu geben.

Ich komme nun zu dem, was meiner Meinung nach mit Recht als spezifische Wirkung des Terminhandels angesehen werden darf.

Der Terminhandel nimmt vor dem Abrechnungstage weder Stücke, noch bares Geld in Anspruch.

Unter unseren Verhältnissen, die für die Ausbildung eines Stückeleihmarkts bei weiten nicht so günstig liegen, wie in New York, darf es als eine spezifische Wirkung der Zulassung des Börsenterminhandels in Wertpapieren bezeichnet werden, daß die Baissespekulation durch die Möglichkeit, operieren zu können, ohne zunächst über die verkauften Papiere zu verfügen, annähernd die gleiche Betätigungsmöglichkeit erlangt wie die Haussespekulation. Die Baissespekulation ist freilich unpopulär. In Zeiten dauernd aufsteigender Kursbewegung vielleicht weniger, als wenn die Kurve sich dauernd senkt. Jedenfalls ist sie niemals beliebt. Auch der ruhige Wertpapierbesitzer sieht es nicht gern, wenn der Kursstand seiner Effekten angegriffen wird. Gleichwohl ist es nützlich, daß dem Treiben nach oben ein einigermaßen gleichgerüsteter Gegner entgegentreten kann. Allerdings darf man nicht zu viel von der Baissespekulation erwerben und auch ihre bedenklichen Wirkungen nicht ableugnen.

Sie erhält durch den Terminhandel nur die Möglichkeit freier Betätigung; es ist nicht gesagt, daß sie von dieser Möglichkeit Gebrauch macht, und wenn sie von ihr Gebrauch macht, daß sie immer nur Übertreibungen der Haussespekulation entgegentritt und nicht auch ihrerseits Übertreibungen herbeiführt. So machen wir regelmäßig die Erfahrung und haben sie z. B. auch bei der letzten Börsenkrise im Oktober 1912 gemacht, daß die Baissespekulation gerade dann fehlt, wenn

[1]) Ich erinnere auch hier an den vorher (S. 28) gemachten Vorbehalt. Wenn z. B. die Spekulation sich im September 1913 gerade der dreiprozentigen Reichsanleihe und der dreiprozentigen preußischen Konsols bemächtigte, so lag dies nicht nur daran, daß sie bei diesen den größten Raum für eine Kursbewegung nach oben zu haben glaubte. Das Interesse wurde vielmehr zweifellos auch durch die Möglichkeit des Terminhandels auf diese Papiere gelenkt. Unter gleichwertigen Spekulationsobjekten wird natürlich das auf Termin gehandelte einen gewissen Vorsprung haben.

sie am nötigsten wäre, nämlich gegen Ende einer Hausseperiode, wenn der Markt sich überhitzt. Dann verlieren selbst die hartnäckigsten Baissiers Neigung und Kraft, immer wieder an Baisseoperationen ihr Geld einzubüßen. Sie decken schleunigst die geschuldeten Beträge und steigern dadurch die Kurse noch weiter. Dann tritt der Zustand ein, daß alles, berufsmäßige Spekulation und Publikum, nach oben liegt und die Rolle der Verkäufer nur noch von den Haussiers gespielt wird, die ihre Gewinne sicherstellen wollen. Das sicherste Zeichen der herannahenden Krisis! Tritt jetzt eine Erschütterung ein, so fehlen dem Markte im ersten Augenblick die Käufer überhaupt. Die berühmte fallschirmartige Wirkung der Baissespekulation, die sie dadurch ausüben soll, daß die Baissiers die in blanco verkauften Papiere bei fallenden Kursen mit Gewinn zurückkaufen und so alsbald eine Käuferschicht stellen, bleibt aus. Die schönen Bilder der Theorie sind eben in der Praxis nicht immer wiederzufinden. Andererseits kann natürlich die Baissespekulation im Falle eines Zusammenbruchs mit Verkäufen viel unbekümmerter einsetzen und zunächst mehr zur Verschärfung der Krisis beitragen, wenn sie sich der freien Beweglichkeit des Terminhandels erfreut.

Man kann dies zugeben und gleichwohl die freiere Betätigungsmöglichkeit der Baissespekulation als einen Vorteil anerkennen. Haussestimmung, nicht Baissestimmung treibt das Publikum zur Börse. Das Konto der Haussespekulation ist weit schwerer belastet als das Konto der Baissespekulation. Die großen Börsenkrisen mit ihren vernichtenden Wirkungen waren überwiegend Folgen einer überhitzten Haussespekulation. Unsere Volkswirtschaft befindet sich in aufsteigender Bewegung und wird, so oft auch Rückschläge kommen mögen, diese Richtung hoffentlich noch lange verfolgen. Die Haussetendenz überwiegt daher auch in unserer Spekulation. Alles, was imstande ist, gegenüber einer übermäßigen Ausnutzung dieser Haussetendenz eine gewisse hemmende Wirkung auszuüben, ist erwünscht und sollte erleichtert werden. In Zeiten des Niedergangs oder in Zeiten einer jungen Entwicklung[1]) mag man anders gedacht haben und anders denken. Die Verhinderung der Baissespekulation ist in der Regel ein Symptom der Schwäche oder wird durch ein eigenes Interesse veranlaßt. So richteten sich die meisten gesetzlichen Beschränkungen der Baissespekulation, die sich zum Teil bis in die Neuzeit erhalten haben, vornehmlich gegen die Baissespekulation in Staatspapieren oder anderen Papieren, an denen der Staat ein Interesse hatte. Die Wirkungen frei waltender Kräfte lassen sich aber nicht dosieren. Bei einem an sich nützlichen

[1]) So in Rußland. Bezeichnend ist die Scheu, die die russische Regierung vor fallenden Kursen zeigt. In den Börsenderouten der letzten Zeit hat sie immer wieder energisch intervenieren lassen.

Faktor muß man auch gelegentliche unerfreuliche Erscheinungen in den Kauf nehmen. Wo Stimmungen den Ausschlag geben, wird es nie ausbleiben, daß eine Stimmung die Oberhand gewinnt und dann plötzlich um so schärfer ausschlägt, je energischer ihr vorher widerstanden worden ist. Doch bleibt es immer fraglich, ob die Übertreibung nicht noch früher und stärker eingetreten wäre, hätte jeder Widerstand gefehlt. Holland hat nicht lange nach jenem gegen die Baissespekulation in den Anteilen der Niederländisch-ostindischen Kompagnie gerichteten Gesetz in dem Tulpenzwiebelkrach des Jahres 1636 erlebt, wie unsinnig sich eine Preistreiberei austoben kann, wenn ihr kein Hemmnis in den Weg tritt[1]). Ein scharfer Baisseangriff, der in einen durch ein plötzliches ungünstiges Ereignis überraschten Markt hineinfährt, führt vielleicht rasch hinab. Aber je energischer er einsetzt, desto eher wird er den Punkt erreichen, in dem die Baissiers daran denken müssen, ihre Blankoverkäufe durch Rückkäufe zu decken. Der Verkaufandrang der Wertpapierbesitzer, der kein solches Moment der Erholung aus sich heraus schafft, kann viel schlimmere Wirkung haben.

Man darf sich durch das alarmierende Äußere eines momentanen Vorgangs nicht täuschen lassen.

Übrigens pflegt die fallschirmartige Wirkung der Baissespekulation bei dem Zusammenbruch einer Hochkonjunktur nur im ersten Augenblick auszubleiben. Sie stellt sich in der Regel bald ein. Jedem, der die täglichen Vorgänge an der Börse beobachtet, ist es bekannt, daß in Zeiten der sinkenden Börsenkonjunktur die Deckungskäufe der Baissiers immer wieder dem versagenden Markte zu Hilfe kommen und daß die Wiederbelebung des Geschäfts häufig genug von der Kurssteigerung ausgeht, die durch solche Deckungskäufe veranlaßt werden.

Der Terminhandel nimmt vor dem Abrechnungstage nicht nur keine Stücke, sondern auch kein Geld in Anspruch. Die Haussespekulation ist freilich um Beschaffung von Geld für ihre Operationen nicht so leicht verlegen, wie die Baissespekulation um Beschaffung von Stücken. Immer-

---

[1]) In diesem Tulpenzwiebelschwindel hat die reine Preisspekulation, für die ihr Gegenstand keinen Gegenstandswert hat, sondern nur als Objekt von Preisveränderungen in Betracht kommt, ihren verblüffendsten Ausdruck gefunden. Es begann sich damals eine solche Liebhaberei für die erst kürzlich aus dem Orient importierte Tulpe auszubilden, daß die Zwiebeln immer teurer bezahlt wurden. Aus der Liebhaberei entwickelte sich eine Preistreiberei ohnegleichen. Als Börsen dienten die Wirtshäuser. Die Zwiebeln wurden immer teurer bezahlt. Da zunächst jeder, der Zwiebeln gekauft hatte, verdiente, drängten sich immer weitere Kreise hinzu. Jeder hoffte, daß er die Zwiebeln, die er schon zu einem Phantasiepreise gekauft hatte, demnächst an einen anderen zu noch höherem Preise los werden würde. Es wurden Preise bis zu 500 Gulden für das Stück bezahlt. Bis plötzlich die neuen Käufer ausblieben, die Preise nicht mehr steigen konnten, die Vernunft sich wieder meldete, man plötzlich einsah, daß man für riesige Preise wertlose Zwiebeln gekauft hatte, und nun das ganze Preisgebäude zusammenstürzte.

hin bedeutet es für sie eine große Erleichterung, daß sie sich zunächst nicht um das Geld zur Bezahlung des Kaufpreises zu kümmern braucht, sondern daß ihr bis zum Abrechnungstage Zeit bleibt, ihre Verbindlichkeiten auszugleichen. Sie profitiert aber auch davon, daß der Terminhandel zunächst keine Stücke benötigt. Auch ihre Operationen stoßen sich nicht so leicht an den Grenzen des zur Verfügung stehenden Materials, wie dies beim Kassageschäft geschehen muß, selbst wenn die durch die Haussespekulation lombardierten Stücke von den Geldgebern wieder dem Markte zur Verfügung gestellt werden. Theoretisch sind die Umsätze sozusagen unbeschränkt. Praktisch natürlich nicht. Denn auch im Terminhandel muß einmal geliefert werden. Kaufen kann man auch hier nur, wenn sich Verkäufer finden, und, daß sich nicht Verkäufer ohne Maß und Ziel finden, dafür sorgt regelmäßig die Furcht vor dem Fehlen von Stücken am Monatsende. Verlaß ist freilich darauf nicht. Deshalb sollen auch nur große Kapitalien auf Termin gehandelt werden.

Jedenfalls vermag der Terminhandel die marktbildende Kraft, die von der Spekulation ausgeht, noch zu verstärken, weil er ihren Spielraum verbreitert.

Ich bitte Sie, sich nach dem Gesagten vorzustellen, wie es in einem Terminmarkt zugeht. Tritt Angebot hervor, ruft jemand einen Briefkurs aus, so wird sich viel leichter jemand finden, der sagt: „Von Ihnen“, als im Kassamarkte, wo er zu gewärtigen hat, gleich am nächsten Tage abnehmen und zahlen zu müssen. Denn er hat ja im Terminhandel noch bis zum Ende des Monats Zeit, um sein Engagement zu lösen. Ihn tangiert es auch nicht so sehr, wenn der Kurs vorübergehend sinkt, vor allem aber kann er mit größerer Sicherheit darauf rechnen, daß er sein Engagement, wenn auch mit Verlust, doch jederzeit lösen kann; er riskiert nicht so leicht, auf dem Papier sitzen zu bleiben müssen. Oder tritt Nachfrage auf, wird ein Geldkurs ausgerufen, so wird sich viel leichter jemand finden, der sagt: „5000 Taler an Sie“, wenn er nicht genötigt werden kann, gleich am nächsten Tage zu liefern, sondern noch bis zum Ende des Monats Zeit hat, sich seinerseits einen Verkäufer zu suchen. Auch er wird immer darauf rechnen können, aus dem Engagement wenigstens heraus zu kommen. Es ist klar, daß eine Handelsform, die dem einzelnen eine so große Beweglichkeit verleiht, die Spekulation zwar erleichtert, aber auch ungefährlicher macht. Sie gibt dem Markte eine so große Elastizität, daß man mit gewisser Sicherheit immer darauf rechnen kann, daß dieser Markt schließlich, sei es auch mit großen Kursopfern, doch immer aktionsfähig bleibt, der Spekulant nicht einfach die Kugel abwärts rollen sehen muß, ohne sich von ihr lösen zu können.

Ganz naturgemäß verlieren die Terminmärkte nicht so leicht den Boden wie die Kassamärkte. In den kritischen Tagen des Oktober 1912 war es auf den Terminmärkten immer noch möglich, Käufer zu finden, obwohl die Baissespekulation die ihr von der Theorie zugewiesene Rolle anfänglich so garnicht versah, während die Kassamärkte den Eindruck völligen Versagens machten. Darum ist es auch so bedenklich, wenn das Publikum plötzlich irgend einen Kassawert herausgreift und sich in ihm besinnungslos nach oben engagiert. Abgesehen davon, daß die Kleinheit des zur Verfügung stehenden Materials schon notgedrungen zu Übertreibungen führt, liegt die Gefahr so furchtbar nahe, daß, sobald die nächsten Käufer, die wieder zu den gestiegenen Preisen kaufen sollen, ausbleiben, der Kurs garnicht zu halten ist und die Spekulanten keine Möglichkeit mehr haben, aus dem Engagement heraus zu gehen, ehe der Verlust zu groß wird.

Ich muß meine Ausführungen noch in zwei Punkten ergänzen.

Daß der Terminhandel zunächst keine baren Mittel beansprucht, sondern der Kaufpreis bis zum Abrechnungstage gestundet bleibt, kommt naturgemäß auch dem Kommissionsgeschäft zugute. Es werden geringere Mittel in ihm festgelegt. Darum hat das Verbot des Termingeschäfts eine, allerdings wohl nur geringe Rolle, bei der Abwanderung des Kundengeschäfts von den Privatbankiers zu den großen Banken gespielt. Es ist nicht richtig, daß das Verbot des Termingeschäfts in den damals schon wichtigsten Spekulationspapieren, den Bergwerks- und Fabrikanteilen de facto von der Börse nicht beachtet worden sei, daß vielmehr die nach dem Wortlaute des § 48 des alten Börsengesetzes getroffene bisherige Erscheinungsform des Börsentermingeschäfts einfach durch Äquivalentformen ersetzt worden sei. Es ist in großem Umfange tatsächlich in der Form des Kassageschäfts, des sogenannten Großkassageschäfts gehandelt worden[1]). Für das Publikum war der Unterschied dabei nicht so empfindlich, denn es hatte, auch wenn seine Orders auf Termin ausgeführt wurden, von vornherein einen Einschuß zu zahlen. Aber der Kommissionär mußte ganz andere Beträge laufend im Kundengeschäft investieren, wenn er jetzt im Ausführungsgeschäft gleich abzunehmen hatte. Man mag über die Rolle, die der Privatbankier als Vermittler der Spekulation des Publikums vor dem alten Börsengesetz gespielt hat, denken wie man will[2]). Unter den heutigen Verhältnissen, wo wir vielleicht schon einer Übertreibung der Konzentrationsbewegung im Bankwesen gegenüberstehen, wird man es als einen Vorzug des Terminhandels bezeichnen dürfen, daß er die Be-

---

[1]) Dieses Groß-Kassageschäft unterschied sich dadurch von dem sonst in Berlin üblichen Kassageschäft, daß nicht nach dem Einheitskurse, sondern nach festen Kursen (siehe darüber unten S. 67 ff.) und in den beim Terminhandel üblichen Einheiten von 15 000 M. oder einem mehrfachen davon gehandelt wurde. Im übrigen galten die Usancen des Kassageschäfts.

[2]) Siehe darüber Prion, Die Preisbildung an der Wertpapierbörse, S. 5 ff.

tätigung des kleinen und mittleren Bankiers im Kundengeschäft erleichtert. Daß diese Erleichterung auch dem unsoliden Bankier zugute kommt, ist richtig. Aber dieser bedarf der Erleichterung nicht; er verschafft sie sich bekanntlich auch auf andere Weise.

Wir sind hier bei einem Punkte angelangt, der eine viel wichtigere volkswirtschaftliche Seite hat. Ich bitte, mich auch hier der Kürze halber auf die Begründung zu dem Entwurf des neuen Börsengesetzes beziehen zu dürfen.

„Daß der Geldbedarf der Spekulation durch die Benutzung des Kassageschäfts erhöht wird, bedarf ebensowenig eines besonderen Beweises wie die Tatsache, daß der Geldabrechnungsverkehr Umlaufsmittel erspart. Es leuchtet ohne weiteres ein, daß ungleich größere Geldmittel dauernd in Anspruch genommen werden, wenn von einer Kette von Käufen und Verkäufen jedes einzelne Geschäft alsbald abgewickelt werden muß, als wenn die Abwickelung sämtlicher im Laufe eines Zeitabschnitts geschlossener Geschäfte auf einen Tag vereinigt und dadurch die Möglichkeit gegeben wird, daß die Lieferung und die Zahlung des Kaufpreises nur zwischen dem ersten Verkäufer und dem letzten Käufer bewirkt und die dazwischenliegenden Geschäfte durch Verrechnung erledigt werden. Da die Spekulation sich in Zeiten aufsteigender Konjunktur am lebhaftesten zu betätigen pflegt, so liegt es im Interesse des gesamten Wirtschaftslebens und nicht zuletzt auch im Interesse der Industrie, sie nicht in Geschäftsformen zu drängen, die geeignet sind, die in solchen Zeiten schon an sich gespannte Lage des Geldmarktes noch zu verschärfen."

Diese Sätze beruhen auf den Erfahrungen, die nach dem Terminhandelsverbot des alten Börsengesetzes an der maßgebendsten Stelle, bei der Reichsbank gemacht worden sind. Eben vom Standpunkt der Reichsbank aus hat der vormalige Reichsbankpräsident Koch die Wiederzulassung des Börsenterminhandels in Industriewerten befürwortet[1]). In je weiterem Umfange der Terminhandel für eine an und für sich bestehende Spekulation benutzt wird, um so günstiger ist dies für den Geldmarkt, um so weniger wird die übrige Volkswirtschaft durch die Bedürfnisse der Spekulation in Mitleidenschaft gezogen. Vorausgesetzt selbstverständlich, daß diese bequeme Geschäftsform nicht zu einer übermäßigen Ausdehnung führt, die ihre günstige Wirkung wieder schmälert. Die Schonung des Geldmarktes durch die Benutzung unserer Geschäftsform ist wohl auch der Grund, aus dem sie in London überhaupt die normale Geschäftsform für den Börsenhandel geworden ist.

---

[1]) In der Kommission des Reichstags zur Beratung der Börsengesetznovelle von 1904, Drucksachen 1903/05, Nr. 835, S. 16ff.

Einen Punkt habe ich bisher wenigstens nicht ausdrücklich erwähnt, der sonst in den Vordergrund gestellt zu werden pflegt, nämlich den Einfluß der Benutzung der Handelsform des Börsentermingeschäfts auf die Kursbildung. Die Frage schien entschieden durch das von der schon zitierten Denkschrift des Zentralverbandes des deutschen Bank- und Bankiergewerbes zum Beweise dafür beigebrachte Material, daß, während sich der Kassahandel in wilden Kurssprüngen erging, die Preisbewegung der Terminpapiere sich selbst im kritischen Jahre 1900 fast in demselben ruhigen Gleichmaß, wie vor 1896, vollziehen konnte (S. 28). Daß der Terminhandel ausgleichend wirke, ist daraufhin vielfach als feststehend angenommen worden. Doch dem schärfer zusehenden Auge konnte es nicht entgehen, daß das beigebrachte Material nicht beweiskräftig war. Es war Unvergleichbares verglichen. Die zum Vergleich benutzten Terminpapiere waren Bankaktien und eine Schiffahrtsaktie (Norddeutscher Lloyd). Die Bankaktien waren aber damals schon der Spekulation mehr entrückt. Ihre Kurse würden sich wohl auch im Kassageschäft nicht wesentlich anders bewegt haben. Andererseits waren die zum Vergleich gestellten Kassapapiere Industrieaktien, in denen lebhaft spekuliert wurde. Es ist das Verdienst Prions, in seinem sehr lesenswerten Buche: „Die Preisbildung an der Wertpapierbörse" die Mängel der Beweisführung aufgedeckt und den Versuch gemacht zu haben, zu richtigeren Untersuchungsmethoden zu gelangen. Freilich, kann ich dem Ergebnis seiner Untersuchungen keine besonders maßgebende Bedeutung beilegen, die er übrigens auch selbst wohl nicht in Anspruch nimmt. Er sagt nämlich (S. 201), daß vor dem Börsengesetze von 1896 die Preisbildung bei den Terminpapieren schlechter, d. h. weniger genau dem inneren Werte der Aktien angepaßt war als die der Kassapapiere, daß aber nach 1896 die Preisbildung der ehemaligen Terminpapiere, nunmehrigen Großkassapapiere[1]) besser war als die der gleichwertigen Kassapapiere zu gleicher Zeit und besser als die der Terminpapiere vor 1896, daß schließlich die Preisbildung der Kassapapiere nach 1896 nicht so gut war wie die der Großkassapapiere, aber doch nicht schlechter als die der Terminpapiere vor 1896.

Wichtig ist hier die Feststellung, daß die reinen Kassapapiere nach 1896 eine schlechtere Kursbildung zeigen als vor 1896. Hier kann also eine Änderung in der benutzten Handelsform die eingetretene Änderung der Kursbildung nicht erklären. Wohl aber liegt die Erklärung in der Tatsache, daß nach 1896 die reine Spekulation in immer steigenden Maße von ihrer eigentlichen Domäne, dem Terminhandel auf das Gebiet des Kassahandels hinübergriff und damit ein Moment der Unruhe in den Handel hineintrug, das sich naturgemäß in einer schlechteren Kursbildung ausprägen mußte.

---

[1]) Siehe oben S. 61, Anm. 1.

Es ist eben auch hier falsch, die Frage allgemein dahin zu stellen: was führt zu einer besseren Preisbildung, der Kassahandel oder der Terminhandel? — sondern zuerst muß die Frage beantwortet werden: welchen Einfluß hat die Spekulation auf die Kursbildung? und dann darf erst weiter gefragt werden: wie stellt sich der Einfluß der Spekulation, wenn sie sich des Kassahandels bedient, und wie, wenn sie sich des Terminhandels bedient?

Daß Angebot und Nachfrage den Preis bestimmen, wissen wir, wissen aber auch, das damit nicht mehr gesagt ist, als daß zunächst äußere Momente, nicht der innere Wert, maßgebend sind. Auf die Kräfte kommt es an, die Angebot und Nachfrage hervorrufen und die nicht nur die Quantität von Angebot und Nachfrage, sondern auch deren Intensität beeinflussen. Es ist ein Unterschied, ob 100 Aktien zum Kurse von 250 oder bestens d. h. zu dem Kurse, zu dem sie am Markte erhältlich sind, verlangt werden. In dem einen Fall kann die Nachfrage den Kurs nicht über 250 treiben. In dem anderen Fall kann sie den Kurs auf eine beliebige Höhe emporwirbeln. Angebot und Nachfrage müssen natürlich ganz anders auftreten, wenn ein ruhiger Anlage- oder Abgabebedarf hinter ihnen steht, als wenn sie von der Hitze der Spekulation beeinflußt werden. Wenn auch die Spekulation im allgemeinen den Markt breiter macht und ein breiterer Markt, solange kühle Erwägungen vorherrschen, größere Gewähr für eine richtige und kontinuierliche Preisbildung bietet, so trägt doch die Spekulation den Keim der Preisfälschung in sich und dieser Keim kann leicht plötzlich ins Kraut schießen. Allerdings „hat sich der Preis der Aktien dem jeweiligen inneren Werte der Aktien anzupassen“. Aber es ist nicht unbedingt richtig, was Prion (S. 17) weiter sagt, daß der Käufer keinesfalls mehr zahlen will als den inneren Wert. Es gilt nicht für den Käufer, den reine Preisspekulation zum Kaufen treibt[1]).

Ludwig Bamberger hat vor der preußischen Untersuchungskommission über das Eisenbahnkonzessionswesen im Jahre 1873 geäußert:

„Machen Sie den Aktionär nicht moralischer und besser als er wirklich ist. Was ihn zum Kaufen in 9 Fällen von 10 antreibt, ist nicht der Kalkul: Was ist bezahlt, was wird verdient? sondern es sagt sich der Durchschnittssatz der Käufer — ob nun aus Weisheit oder aus Torheit — habe ich Aussicht morgen jemand zu finden, der mir 5% oder 10% mehr gibt? Das ist die ganze Frage, so arbeitet das mensch-

[1]) Ich sehe hier ab von dem Falle, daß ein Käufer an hohen, ein Verkäufer an niedrigen Kursen interessiert ist, mit Rücksicht auf andere Geschäfte, für die der Kurs maßgebend ist, bei denen er aber in der umgekehrten Rolle auftritt. Abgesehen von spekulativen Operationen, ist dieser Fall bei uns wegen der Verquickung von Kommissionsgeschäft und Eigenhandel nicht selten.

liche Herz des Aktionärs. Sie können dem börsenlustigen Manne, und nicht bloß dem Kaufmanne, sondern dem Portier Aktien bringen, auf denen geschrieben steht: Es ist nicht 100 Taler dafür bezahlt, es ist bloß ein Bund Stroh dafür gegeben — aber Sie machen ihm Hoffnung, morgen werden sie 110 stehen, so nimmt er sie; und andererseits bringen Sie ihm welche, deren eingezahlter Wert 150 ist, aber morgen werden sie wahrscheinlich 149 stehen, so nimmt er sie nicht"[1]).

Die Hoffnung auf den nächsten Käufer zu höherem Kurse, nicht die Abschätzung des inneren Wertes des Papiers beeinflußt den Markt, auf dem die reine Preisspekulation sich betätigt, in erster Linie. Der innere Wert hat gegenüber dieser Börsenchance nur die sekundäre Bedeutung eines Moments, das neue Käufer heranziehen, also die Börsenchance erhöhen kann. In ruhigen Zeiten wird dieses sekundäre Moment in den Vordergrund treten und je breiter der Markt ist, eine um so bessere Kursbildung zeitigen können. In Zeiten der Überhitzung aber sehen wir es immer mehr zurücktreten und andere Momente die Börsenchance bestimmen. An die benutzte Geschäftsform ist weder die eine noch die andere Erscheinung gebunden. Man wird darum leicht nachweisen können, daß der Kurs von Terminpapieren sich ruhiger bewegt hat, als der Kurs von Kassapapieren oder umgekehrt. Es kommt nur auf die Auswahl der Papiere an.

Um zu einwandsfreien Ergebnissen über den Einfluß der benutzten Handelsform zu gelangen, müßte man vorerst neben zahlreichen anderen von der benutzten Handelsform gleichfalls unabhängigen Momenten (den Schwankungen der Erträgnisse, der Orientierung der Öffentlichkeit über die Vorgänge bei der Gesellschaft, der Größe des den Markt belastenden Aktienkapitals, den Geldsätzen usw.) vor allem die jeweilige Intensität der Spekulation, wobei auch die Qualität der Spekulanten in Betracht kommt, in ihren Wirkungen auf die Kursbildung bestimmen. Dies wird kaum gelingen und am wenigsten wird es gelingen, wenn es sich um Vergleiche zwischen verschiedenen Zeitabschnitten handelt. Gerade solche Vergleiche haben eine denkbar unzuverlässige Grundlage.

Am letzten Ende bleiben wir immer auf sogenannte „erfahrungsmäßige Tatsachen" angewiesen. Daß, wie sich schon in der Börsenenquetekommission zeigte, in den erfahrensten Kreisen, den Kreisen des berufsmäßigen Börsenhandels die Überzeugung von der preisausgleichenden Wirkung des Börsenterminhandels herrscht, ist aber aus zwei Gründen leicht erklärlich. Einmal werden auf Termin nur Papiere gehandelt, von denen, wie das Börsengesetz es verlangt, mindestens 20 Millionen Mark im Umlaufe sind, während sich die Kassaspekulation

---

[1]) Abgedruckt bei Ehrenberg, Die Fondsspekulation und die Gesetzgebung, S. 216.

auch auf Papiere mit kleinem Kapital stürzt. Es ist klar, daß bei so begrenztem Material der Kurs viel leichter in die Höhe gewirbelt werden kann, als wenn das Schwergewicht großer Kapitalien, von 100 Millionen Mark und mehr auf dem Markte lastet. Hierzu kommt wenigstens für Berlin und Frankfurt a. M. noch ein zweites, rein börsentechnisches Moment, nämlich der Einheitskurs im Kassageschäft.

Sie finden in unserm Kurszettel für alle Papiere nur einen Kassakurs notiert, während z. B. in dem Kurszettel der Pariser Börse, der Brüsseler Börse und auch der Hamburger Börse häufig für ein Papier mehrere Kassakurse vermerkt sind. Dieser Einheitskurs ist kein Durchschnittskurs, der aus einer Anzahl zu verschiedenen Kursen getätigter Geschäfte berechnet ist, wie z. B. der Mittelkurs, der in Brüssel für die Zwecke des Kommissionsgeschäfts lediglich rechnungsmäßig festgestellt wird. Durchschnittskurse kennen unsere deutschen Börsen im Wertpapierhandel überhaupt nicht, sondern nur Kurse, zu denen wirklich Geschäfte abgeschlossen worden sind oder wenigstens Angebot oder Nachfrage vorlag. So ist auch der Einheitskurs ein Kurs, zu dem sich Umsätze tatsächlich vollziehen. Er wird von den Kursmaklern, denen die Vermittlung in dem Papier zugewiesen ist, gegen Ende der Börsenzeit auf Grund der ihnen bis dahin erteilten und während der Kursfeststellung, die sich für alle Börsenbesucher öffentlich vollzieht, zugehenden Orders ermittelt und zwar nach einem bestimmten Prinzip, das man das Prinzip der Meistbegünstigung aller Orders nennen kann[1]). Kein Auftrag darf vor anderen zurückgesetzt, zu einem ungünstigeren Kurse ausgeführt werden, sondern es ist nur ein Kurs für das gesamte Kassageschäft des Tages maßgebend. Erledigt wird nur, was nach den erteilten Orders zu diesem Kurse erledigt werden kann; alles übrige bleibt unerledigt. Dies bedeutet also, daß das gesamte Kassageschäft des Tages sich auf die wenigen Minuten

---

[1]) Der Kurs muß folgenden Anforderungen entsprechen: Es müssen sich zu ihm alle Kaufaufträge und alle Verkaufsaufträge erledigen lassen, die bestens, d. h. ohne daß ein bestimmter Kurs vorgeschrieben ist, aufgegeben sind, ferner alle Kaufverträge, bei denen die Auftraggeber höher gehen wollten, und alle Verkaufsaufträge, bei denen die Auftraggeber sich mit weniger begnügen wollten, als der Kurs sich tatsächlich stellt, und wenigstens ein Teil der Aufträge, die zu dem Kurse selbst limitiert sind.

Aus dem Prinzip des Einheitskurses ergibt sich mit Notwendigkeit, daß ein Kurs nur zustande kommen kann, wenn zu ihm genügendes Material angeboten ist oder genügende Nachfrage vorliegt, um alle Bestens-Orders zu befriedigen. Auf diese Weise kann unlimitierte Nachfrage oder unlimitiertes Angebot zum ausschlaggebenden Faktor für die Preisbildung werden und den Preis unverhältnismäßig steigern oder drücken. Die Auftraggeber setzen aber normalerweise doch nur deshalb keine bestimmte Preisgrenze, weil sie sich darauf verlassen, der Marktlage entsprechend bedient zu werden. Dies geschieht auch in der Tat, nur wird die Marktlage oft genug durch die Bestens-Orders verschoben.

der Kursfeststellung zusammendrängt. Es werden zwar auch recht viel Geschäfte vorher, ohne Vermittelung des Kursmaklers abgeschlossen, aber „zur Notiz", d. h. zu dem Preis, der demnächst amtlich festgestellt werden wird[1]). Erst wenn der Kurs festgestellt ist, werden die Geschäfte perfekt.

Von diesem Handel nach dem Einheitskurse haben wir zu unterscheiden, den Handel nach festen oder variablen Kursen. „Fest," weil sie von den Parteien für das einzelne Geschäft alsbald fest vereinbart werden. „Variabel," weil auf diese Weise im Laufe der Börsenzeit verschiedene Kurse zustandekommen, der Kurs variieren kann.

Nach festen oder variablen Kursen, wie sonst in der ganzen Welt auch per Kassa gehandelt wird, handelt bei uns nur der Ultimoverkehr. Der Ultimohandel beginnt mit dem Glockenschlag 12 und setzt sich fort, bis die Händler durch die Besen der Scheuerfrauen verdrängt werden. Bei der Feststellung dieser variablen Kurse, hat der Kursmakler, soweit er nicht selbst am Handel beteiligt ist, eine lediglich kursregistrierende Tätigkeit, während er bei der Feststellung des Einheitskurses den Kurs zu formulieren hat[2]).

Auf die Einrichtung des Einheitskurses ist die Berliner Börse als ihre eigenste Erfindung mit Recht stolz. In der Tat ist die Einrichtung für das ruhige normale Geschäft zweckmäßig, einmal für die Kommittenten, die alle gleichmäßig bedient werden, mag ihr Kommissionär geschickt und sorgfältig sein oder nicht[3]), namentlich aber für die Kommissionäre, für die sich die Ausführung der Aufträge und der Verkehr mit dem Publikum außerordentlich vereinfachen.

---

[1]) In diesem Handel nach Notiz verdienen sich viele freie Makler ihren Unterhalt. Für die Kommissionäre ist dieser Handel recht vorteilhaft. Der freie Makler berechnet seinem Auftraggeber nur die Hälfte, manchmal auch nur ein Viertel der üblichen Courtage, die Gegenpartei bedient er franko. Die Kommissionäre sind aber berechtigt, ihren Kommittenten die volle Courtage in Rechnung zu stellen. So unentbehrlich unter unseren Verhältnissen die Tätigkeit der freien Makler im spekulativen Geschäft ist, so wenig erwünscht ist die Tätigkeit hier. Sie entzieht der schon an und für sich oft auf recht dürftigen Unterlagen beruhenden Kursfeststellung noch mehr Material.

[2]) Eigentümlicherweise erstreckt sich die amtliche Kursfeststellung für den Ultimohandel nur auf die Zeit von 12—2 Uhr. Für den Handel von 2—3 Uhr, in dem auch noch Kundenorders ausgeführt werden, verzichtet der Börsenvorstand auf sein gesetzliches Recht, die Kurse mit Hilfe der Kursmakler amtlich festzustellen, die Kurse erscheinen nicht im amtlichen Kursblatte, sondern werden durch private Nachfrage ermittelt und durch ein privates Organ, den Hertelschen Kursanzeiger, veröffentlicht.

[3]) Daß der Einheitspreis den Kunden gegen Übervorteilung durch den Kommissionär schützt, sollte man nicht als Vorzug bezeichnen. Denn diesen Schutz hat das Strafrecht zu gewähren. Übrigens wäre ja auch bei dem Einheitskurs die Möglichkeit vorhanden, die Marktlage zu beeinflussen, wenn der Kommissionär selbst ein Interesse am Kurse hat.

Sie kommen nicht in die Lage, sich wegen der Ausführung zu einem bestimmten Kurse rechtfertigen zu müssen. Es findet sich nur eine Notiz im Kursblatt und diese ist ohne weiteres maßgebend. Das Publikum hat kaum die Möglichkeit, es zu beanstanden, wenn ihm einfach dieser Kurs in Rechnung gestellt wird. Ich bezweifle, daß ein solches Riesen-Kommissionsgeschäft, wie es sich bei unseren Großbanken ausgebildet hat, bei dem Handel nach variablen Kursen im Kassageschäft überhaupt durchführbar wäre. Es ist aber klar, daß dieser Einheitskurs für ein größeres spekulatives Geschäft nicht berechnet ist, daß die Zusammendrängung des Kampfes um den Kurs auf die wenigen Minuten der Kursfeststellung zu ganz unvorhergesehenen plötzlichen Bewegungen führen kann, die, wenn man sich den Handel über die ganze Börsenzeit verteilt denkt, doch wohl vermieden werden könnten. Denn die Feststellung des Einheitskurses erfolgt ja in 37—38 Kursmaklergruppen immer gleichzeitig, die ganze Börse ist um die Zeit beschäftigt und verteilt sich an den einzelnen Schranken. Wenn die Makler auch vorher auf eine bevorstehende Bewegung hingewiesen haben, so ist die Zahl der Interessenten, die sich bei ihnen einfinden können, nur beschränkt. Die Kommissionäre haben nicht die Möglichkeit, sich mit ihren Auftraggebern ins Benehmen zu setzen, sie können es auch nicht wagen, Aufträge, die ihnen unlimitiert erteilt sind, unausgeführt zu lassen. Sie können nicht gut anders als das, was ihnen bestens zu kaufen aufgegeben ist, zu jedem Kurs zu kaufen, wenn sie nicht eine zu ihrer geringen Provision in gar keinem Verhältnis stehende Verantwortung auf sich laden wollen. Auch der Börsenvorstand kann hier nicht eingreifen und die Streichung des Kurses anordnen. Denn dies würde ein Urteil über die Angemessenheit eines an und für sich der augenblicklichen Marktlage entsprechenden Kurses bedeuten, das er nicht in Anspruch nehmen kann. So entstehen denn diese plötzlichen Kursstöße, die wir immer wieder am Kassamarkte beobachten können, wenn das Publikum lebhaftes Interesse an einem Kassapapiere nimmt oder plötzlich dringendes Angebot in einem Kassapapier auftritt[1]).

---

[1]) Das krasseste, mir bekannt gewordene Beispiel war folgendes: Der Kurs einer Aktie hatte sich auf 735% gestellt. Am nächsten Tage stellte er sich bei einem Umsatze von 266 Stück auf 825%. Zu diesem Kurse war keine Kauforder limitiert. 1000 M. wurden zu 800% verlangt. Das nächste Limitum war 785%. Im übrigen lagen die Limite zwischen 730 und 770%. Auch für den Verkauf war anfänglich durchweg unter 800% limitiert. Es lag aber eine die Verkauforders weit übersteigende Zahl unlimitierter Kauforders vor, die nur dadurch befriedigt werden konnten, daß durch Hinaufsetzen des Kurses immer mehr, wahrscheinlich rein spekulative Verkäufer herangezogen wurden, bis schließlich zum Kurse von 825% so viel Material angeboten war, daß die gesamte unlimitierte Nachfrage gedeckt werden konnte. Alle Käufer, die ihre Orders limitiert hatten,

Das Moment des Zufälligen und Willkürlichen wird durch die Zusammendrängung des Geschäfts gesteigert.

Diese verschiedene Art der Kursfeststellung bei Ultimohandel und bei Kassahandel, bedeutet nicht nur eine Verschiedenheit in der Methode der Preisermittelung, sondern eine durch die Eigenart der beiden Handelszweige an und für sich nicht gebotene Verschiedenheit in der gesamten Art zu handeln. Sie ist nur dann sachlich berechtigt, wenn der Kassahandel sich nicht nur in den Usancen, sondern in seinem Wesen von dem Ultimohandel unterscheidet. Nur, wenn der Kassahandel seinem Wesen nach die Unfreiheit, in die ihn der Einheitskurs zwingt, zu ertragen vermag, wird diese Unfreiheit nicht zu widersinnigen Ergebnissen führen.

Wird in der Hauptsache nur gekauft, um zu erwerben und nur verkauft, um sich eines Besitzes zu entledigen, dann werden auch die Vorzüge des Handels zum Einheitskurse zur Geltung kommen.

Daß sich aber der Einheitskurs zur Bewältigung eines lebhaften spekulativen Geschäftes nicht eignet, prägt sich darin aus, daß bei dem Auftreten größeren Interesses für ein Kassapapier häufig ein Handel nach festen Kursen, der sich über die ganze Börsenzeit erstreckt, neben dem Handel zum Einheitskurse entsteht. Denn die Spekulation erträgt es nicht, mit gebundenen Händen abzuwarten, bis die Makler zur Kursfeststellung schreiten, ehe sie ein Engagement eingehen, auflösen oder verändern kann, und nach Formulierung des Kurses die Hände in den Schoß zu legen und wieder bis zu den 5 Minuten der Kursfeststellung am nächsten Tage zu warten. Da der Börsenvorstand aus Gründen, die hier nicht dargelegt werden können, die Reglementierung eines solchen Handels und die Einführung einer amtlichen Notiz für bedenklich hält, so bleibt der freie Handel eine recht regellose und unerwünschte Erscheinung. Sie zu verhindern, gibt das Gesetz keine Befugnis. Sie drängt bei Papieren, die den gesetzlichen Voraussetzungen entsprechen, zur Zulassung des Börsenterminhandels.

Das soeben Gesagte sollte dartun, daß der Terminhandel für die Preisbildung im spekulativen Geschäft eine natürliche Überlegenheit

---

mußten ausfallen, während alle Verkäufer, darunter auch solche, die ihre Orders 100% niedriger limitiert hatten, ihre Aktien mit 825% bezahlt erhielten. Die Verkäufer an der Börse, die die Marktlage übersahen, hatten den Kurs ganz in der Hand. Wenn die letzte zur Deckung der unlimitierten Nachfrage erforderliche Aktie mit 835 oder 850% angeboten worden wäre, so hätte sich der ganze Tagesumsatz zu diesem Kurse vollzogen.

Solcher Widersinn ist nur zu vermeiden, wenn das Publikum sich gewöhnt, seine Orders zu limitieren. Aber das an sich durchaus gesunde Prinzip des Einheitskurses ruft Bestensorders geradezu hervor, weil dann der Auftraggeber nicht riskiert auszufallen, wenn er eine Kleinigkeit zu hoch oder zu niedrig limitiert hat, er aber sicher ist, nicht teurer kaufen zu müssen als irgendein anderer.

über den Kassahandel besitzt, einmal durch seinen Gegenstand, die Papiere, von denen große Kapitalien im Umlaufe sind, und unter den besonderen Berliner Verhältnissen durch den Handel nach variablen Kursen, der bloßen Zufälligkeiten nicht so ausgesetzt ist, wie der Handel nach dem Einheitskurse, sobald in ihm ein größeres spekulatives Geschäft zu bewältigen ist.

Im übrigen läßt sich meines Dafürhaltens nur sagen, daß alles, was wir als Vorzüge des Terminhandels angeführt haben, auch der Kursbildung zugute kommen wird, und daß die Nachteile des Terminhandels auch die Preisbildung ungünstig beeinflussen können. Bei den Nachteilen können wir uns kurz fassen. Denn es sind dieselben Umstände die wir als Vorteile aufgeführt haben, die auch nachteilige Wirkungen äußern können.

Eine Baissespekulation kann, wenn sie überrannt wird, durch überstürzte Deckungskäufe die Übertreibungen nach oben plötzlich noch steigern, sie kann durch umfangreiche Blankoverkäufe das erste Auftreten einer Krise noch verschärfen, sie kann aber auch im Terminhandel, in dem sich ja, weil er nur allmonatlich abrechnet, die Positionsverhältnisse schwerer übersehen lassen, leichter das Opfer einer im Geheimen künstlich herbeigeführten Knappheit des für Prolongationszwecke zur Verfügung stehenden Materials, der sogenannten Corner oder Schwänzen werden[1]). Vor allem aber legt die fast unbeschränkte Möglichkeit der

[1]) Die größten und folgenschwersten Corner sind allerdings am Warenterminmarkte vorgekommen, so der berüchtigte Sécrétan Corner am Kupfermarkte, wohl das größte Unternehmen dieser Art, der Kaffee-Corner am Hamburger Terminmarkte im Jahre 1888, der nur dadurch gebrochen werden konnte, daß Extrazüge mit Kaffee von Triest nach Hamburg gesandt wurden. Einer der größten Corner auf dem deutschen Wertpapiermarkte war wohl der schon oben S. 26 erwähnte Corner in russischen Noten.

Ein interessanter Fall ereignete sich im Sommer des Jahres 1910 in den Aktien einer ausländischen Bank. Die Bank gab neue Aktien aus, auf die den Besitzern der alten Aktien ein Bezugsrecht eingeräumt war. Da die Bezugsrechte sich an der Börse sehr billig stellten, wurden sie von der Spekulation in großen Mengen aufgekauft. Um den nach dem Kurse der alten Aktien berechneten Gewinn sicherzustellen, verkaufte die Spekulation alte Aktien in blanco auf Termin in der Hoffnung, nach Ausübung des Bezugsrechts die neuen Aktien zur Erfüllung der Engagements verwenden zu können. Sie verzichtete damit auf weiteren Gewinn, der ihr bei einer Kurssteigerung zufallen konnte, sicherte sich aber auch gegen Verluste bei einer Senkung des Kurses. Diese Vorsicht kam ihr teuer zu stehen. Denn die Zulassung der neuen Aktien zum Börsenhandel, ohne die die neuen Aktien nicht lieferbar waren, verzögerte sich durch nicht zu beseitigende Umstände, und im Auslande, wo man die Lage durchschaute, bildete sich ein Haussesyndikat, das die verfügbaren Stücke an sich zu ziehen wußte, so daß die Spekulation, die am Ultimo lieferbare Aktien zur Erfüllung ihrer Engagements noch nicht besaß, bei der Prolongation einer unerwarteten Stückeknappheit gegenüberstand, die ihr sehr große Opfer auferlegte.

Ausdehnung des Geschäfts die Gefahr von Übertreibungen der Spekulation, namentlich einer Beteiligung immer weiterer Kreise nahe, näher wohl als sie unter unseren Verhältnissen bei einer anderen Geschäftsform liegt. Es handelt sich dabei nicht nur um eine Gefahr für den einzelnen Beteiligten, sondern um eine Gefahr für den Markt selbst, der unter der Herrschaft urteilsloser und kapitalschwacher Kreise entarten muß und bei dem unvermeidlichen Umschwung um so schwereren Zusammenbrüchen ausgesetzt ist.

Die Vorzüge des Terminhandels können nur Vorzüge bleiben, wenn Mäßigung in ihrer Ausnützung waltet. Man hat es als wünschenswert bezeichnet, die nun einmal vorhandene Spekulation möglichst auf den Terminmarkt hinüberzuleiten[1]), so daß die Kassamärkte mehr dem Anlagegeschäft, mag dieses auch natürlich von spekulativen Tendenzen nicht frei sein, jedenfalls aber nicht der reinen Preisspekulation dienen und nur die Anregung von den Terminmärkten empfangen. Wir aber müssen auch daran festhalten, daß der Terminhandel die volle Freiheit nicht verträgt[2]).

Warum das neue Gesetz dem Terminhandel in Wertpapieren nicht volle Freiheit gewährt hat, liegt nun wohl klar. Ich habe noch auf die Gründe zurückzukommen, aus denen es ihn hinsichtlich der Beteiligung des Publikums günstiger behandelt hat als den Terminhandel in Waren.

Im Gegensatz zu dem Geschäft in Wertpapieren ist im Warenhandel die Betätigung einer reinen Preisspekulation in größerem Umfange nur im Zeitgeschäft und in der Regel wohl auch nur im börsenmäßig qualifizierten handelsrechtlichen Lieferungsgeschäft möglich. Natürlich ist es denkbar und ist z. B. vor Ausbildung des Börsentermingeschäfts in Zucker vorgekommen, daß Außenseiter sich à la hausse beteiligten, indem sie Zucker kauften und lombardierten, um die erhoffte Preissteigerung für den Verkauf abzuwarten. Ähnliche Operationen kommen in anderen Waren hin und wieder auch jetzt vor. Indessen ist dies zu riskant und teuer, als daß man mit dieser Möglichkeit sehr rechnen müßte. Eine Baissespekulation ist aber im Warengeschäft nur im Zeitgeschäft möglich, und für den Außenseiter wohl nur im Termingeschäft. Es ist also zum mindesten schon recht viel zur Verhinderung der reinen Preisspekulation von branchefremden Außenseitern am Warenmarkte erreicht, wenn es gelingt, ihnen das Termingeschäft zu verschließen. Das ist ein wesentlicher Unterschied vom Wertpapierhandel. Mit der Fernhaltung vom Waren-

[1]) Kaempf in der ersten Lesung des Entwurfs des neuen Börsengesetzes. Sten. Protokolle des Reichstags, 12. Legisl.-P., I. Session 1907/08, S. 2207, D.

[2]) Landesberger, Die Reform der landwirtschaftlichen Börsen in Österreich. Zeitschr. f. Volkswirtschaft, Sozialpolitik und Verwaltung, Bd. 11, S. 46.

markte kann man ferner unmöglich berechtigte Interessen der Außenseiter schädigen. Denn niemand, der nicht zur Branche gehört, kann berechtigte Veranlassung haben, 50 Sack Rübenrohzucker, 10 Tonnen Kupfer oder 50 Tonnen Weizen zu kaufen oder gar in blanco zu verkaufen. Dabei kann es sich nur um reine Spekulation handeln. Ein Naturrecht, in jedem beliebigen Gegenstande zu spekulieren, können wir nicht anerkennen. Das Publikum hat an der Warenbörse, einem Großhandelsmarkte nichts zu suchen. Wenn die Fernhaltung möglich ist, so ist sie auch anzustreben, weil das Eindringen dieser regelmäßig urteilsunfähigen Kreise, des „Schwarmes unkundiger Dilettanten" die Gefahr der Preisfälschung in sich schließt. Übertragen Sie die Worte Ludwig Bambergers über die Aktienspekulation auf die Spekulation in Waren des Großhandels. Die Bemerkung, daß man die Leute ihr Geld verlieren lassen solle, wenn sie es nicht besser haben wollten, täten sie es nicht am Warenmarkt, so täten sie es an der Wertpapierbörse, auf dem Rennplatz oder sonst wo, entspricht dem Interessentenstandpunkt der Kommissionäre an der Warenbörse. Vom allgemeinen Standpunkt ist sie zurückzuweisen. Am Wertpapiermarkt halten sich die Folgen von Übertreibungen im wesentlichen in den spekulierenden Kreisen. Wer nicht gerade in den kritischen Zeiten genötigt ist, zu kaufen oder zu verkaufen, bleibt unberührt, wenn er sich nicht unbesonnen mitreißen läßt. Vom Warenmarkte aus werfen Übertreibungen viel weitere Wellen. Der Konsum kann geschädigt werden, die ganze Produktion kann in Unordnung kommen. Die Zulassung eines ebenso unberechtigten wie gefährlichen Elements wäre nur zu rechtfertigen, wenn der Warenhandel unbedingt auf den Terminhandel angewiesen wäre und wenn der Terminhandel ohne die Beteiligung von Außenseitern nicht zu funktionieren vermöchte. Ersteres trifft jedenfalls nicht schlechthin zu, letzteres wäre erst noch zu beweisen. Hergebrachte Anschauungen sind in Fragen, bei denen so große Erwerbsinteressen mitsprechen, nicht immer maßgebend. Selbstverständlich ist die Beteiligung weiterer Kreise am Warenterminhandel, solange sich nur die günstige Seite der Marktverbreiterung zeigt, für die Börse, namentlich auch für Kommissionäre und Makler sehr angenehm. Notwendig wäre sie aber nur dann, wenn die Bedürfnisse des Effektivgeschäfts in Verbindung mit der Tätigkeit einer berufsmäßigen Spekulation nicht imstande wären, hinreichendes Angebot und hinreichende Nachfrage am Terminmarkt zu zeitigen, der dem Effektivgeschäft entstammende Grundstock der Geschäfte also einer weiteren Ergänzung durch die reine Preisspekulation von Außenseitern benötigte. Gegen die Ergänzung durch Beteiligung einer sachkundigen berufsmäßigen Spekulation, welche die Funktion ausübt, selbst spekulierend dem effektiven Handel reichlichere Möglichkeit zu geben, ein Interesse an effektiver Ware am Terminmarkt zu versichern, wird nichts einzuwenden sein. Solche Spekulationshändler gehören selbst zur Branche. Solange sie nur mit dem sachverständigen Handel oder gegen ihn zu operieren haben, werden sie kaum überhandnehmen und kaum dem Warenterminmarkt das Gepräge eines reinen Spekulationsmarkts geben können. Sie werden regelmäßig nützen, indem sie sonst vorhandene Lücken ausfüllen. Wir sprechen aber jetzt von der vermeintlichen Notwendigkeit einer zweiten Hilfstruppe in Gestalt des brancheunkundigen Publikums. Nun pflegt dieses Publikum den Warenterminmarkt hauptsächlich während der großen Fluktuationen aufzusuchen, die seine Phantasie anregen. In solchen Zeiten wird es aber gewiß entbehrlich sein, wo ohnehin das erhöhte Preisrisiko die zur Branche gehörigen Kreise zu starker Benutzung des Terminmarkts nötigt, das Hinzutreten des Schwarmes unkundiger Dilettanten die Lage nur verschärfen und den Zusammenhang zwischen Effektiv- und Termingeschäft stören kann. Daß eine solche nur sporadische Erscheinung für die Existenz des Geschäfts erforderlich sein sollte, ist schwer denkbar. Es sind Äußerungen von dem Terminhandel durchaus geneigten Sachverständigen genug vorhanden, welche die Entbehrlichkeit bezeugen. So antwortete vor der Börsenenquetekommission der Sachverständige Kochhann, der die Entstehung des Getreideterminhandels in Berlin von Anfang an als Beteiligter verfolgt hatte, auf die Frage: „Sind noch andere Kapitalisten an dem Handel beteiligt, die nicht sachverständige Leute sind?" „Leider ja. Ich muß betonen, daß ich im großen und ganzen wünsche, daß an dem Getreidegeschäft nur solche Personen teilnehmen, die direkt oder indirekt ein Interesse an dem Geschäft haben. Ich bin ein Gegner davon, den Terminhandel als pures Spekulationsgeschäft zu benützen, und muß von diesem persönlichen Standpunkt mich dagegen erklären, daß diese Art des Handels begünstigt werde." Ich persönlich kann von zahlreichen ähnlichen Äußerungen von recht ernst zu nehmenden Persönlichkeiten berichten.

Aber verhielte es sich anders, so würde doch nicht die Folgerung sein, daß man nun Kreti und Pleti gestatten müßte, zur Unterstützung des Handels ein wildes und regelloses Spiel in den wichtigsten Waren zu treiben. Allerdings wird man hier und da von einer Unentbehrlichkeit des Terminhandels für den Warenhandel sprechen dürfen, und zwar von einer wirklichen Unentbehrlichkeit, nicht, wie es so häufig in der üblichen, zur Übertreibung neigenden Ausdrucksweise geschieht, nur im Sinne von „nützlich, passend, angenehm". Aber nur für den Handel in seiner gegenwärtigen, eben durch den Terminhandel ermöglichten, auf seine Hilfe berechneten Organisation. Wir sehen den Handel so vielfach auch ohne Terminmarkt für Erzeugung und Verbrauch völlig ausreichend funktionieren. Wir sehen, wie die riesigsten Warenmengen anstandslos ohne dieses Hilfsmittel in den Verbrauch überführt werden. Denn nicht jede Ware eignet sich für den Terminhandel. Deutschlands Versorgung mit Eisenerzen vollzieht sich nur mit dem einfachen Zeitgeschäft. Braugerste, als reine Qualitätsware, wird nirgends auf Termin gehandelt, ebensowenig der so bedeutende Artikel Kleie. In den achtziger Jahren hat sich die Eisenindustrie mit allen Kräften gegen ein Lagerscheingesetz gesträubt, weil sie die Ausbildung eines spekulativen Handels in Warrants über Roheisen nach Glasgower Muster befürchtete. Der Terminhandel in Kammzug, der zunächst in Berlin eingeführt werden sollte, hier aber von dem Fürsten von Bismarck, als Minister für Handel und Gewerbe verboten wurde und dann sein Unterkommen in Leipzig fand, mußte auf langjähriges Drängen der Spinner und Weber, denen er doch gerade die Möglichkeit der Versicherung ihrer Preisrisiken geben sollte, vom Bundesrat verboten werden. Auf die bei jedem Artikel verschieden liegenden Gründe kann ich hier nicht eingehen.

Ist aber die Unentbehrlichkeit des Börsentermingeschäfts in Waren nur eine Frage der Organisation des Handels, so scheint es mir näher zu liegen, daß der Handel genötigt wird, seine Organisation zu ändern, als daß ihm gestattet wird, ein fremdes, mit der Warenbörse in keinem organischen Zusammenhang stehendes, für Produktion, Handel und Verbrauch gleich Gefahr bringendes Element zu seiner Unterstützung heranzuziehen. Allerdings würde diese Änderung nicht ohne große, auch weiteren Kreisen fühlbare Umwälzungen möglich sein und voraussichtlich zu einer starken Konzentration führen. Aber ich bin der Überzeugung, daß eine solche Notwendigkeit nicht in Betracht gezogen zu werden braucht, daß das Warentermingeschäft nicht nur existenzfähig ist, sondern auf die Dauer auch besser im Interesse des effektiven Geschäfts funktioniert ohne Heranziehung des branchefremden Publikums, daß je strenger das Geschäft sich in den berufenen Kreisen hält, desto leichter alle üblen Nebenerscheinungen überwunden werden, desto sicherer das effektive Geschäft auf dem Terminmarkt operieren kann. Dann wird auch die selbst in den berufenen Kreisen herrschende Feindschaft gegen den Terminhandel schwinden und die durch den Ausfall der Außenseiter entstehende Lücke durch neu zuwachsendes berechtigtes Geschäft ersetzt werden[1]).

[1]) Dabei ist allerdings Voraussetzung, daß eine möglichst weitgehende Zentralisation des Geschäfts stattfindet, nicht jede Börse einen Terminhandel etablieren will. Auch sonst bleibt die Zulassung einer Ware zum Terminhandel immer eine ernste, wohl zu überlegende Frage. Bei dem Fehlen eines wirklichen Bedürfnisses für das Effektivgeschäft wird nur zu leicht Ersatz in der Heranziehung der reinen Preisspekulation gesucht werden. Theoretisch läßt sich fast für jeden Rohstoff oder jedes Halbfabrikat die Zweckmäßigkeit des Terminhandels mit den schon hundertmal wiederholten Gründen darlegen. Aus dem oben Ausgeführten erhellt zur Genüge, daß es neben der Eignung der Ware, namentlich noch auf die stets schwer zu übersehenden tatsächlichen Verhältnisse in der Organisation des Handels ankommt.

Hier ist ein fruchtbares Feld für die Börsendisziplin, die freilich nur bei einer zweckmäßigen Börsenorganisation wirksam einsetzen kann. Die Besucher der Warenbörsen sind weniger zahlreich und unter sich gleichartiger als die Besucher unserer großen Fondsbörsen. Eine straffere Organisation wäre also wohl möglich. Die Börsendisziplin wird dann auch in der Lage sein, den noch immer möglichen Ausschreitungen der berufenen Kreise selbst entgegenzutreten.

Von einer Opferung der Warenbörse für die Fondsbörse wollen wir also nicht mehr sprechen. Im Gegenteil wird man in der weiten Bestimmung der termingeschäftsfähigen Kreise für das Warentermingeschäft im allgemeinen ein Entgegenkommen gegenüber der Warenbörse erblicken können. Konsequent ist das Prinzip nur durchgeführt bei der Regelung des börsenmäßigen Zeitgeschäfts in Getreide und Mehl, den wichtigsten Gütern der Volksernährung. Das Entgegenkommen dem übrigen Warenterminhandel gegenüber erklärt sich nicht nur durch den dem neuen Gesetz anhaftenden Kompromißcharakter, sondern erhält auch eine Rechtfertigung durch die Rücksicht auf den Wettbewerb mit den ausländischen Börsen. Unsere Zuckerterminbörsen Magdeburg und Hamburg, dienen dem deutschen Export nach England, während die Londoner Zuckerbörse dem englischen Import über deutsche Häfen dient. Magdeburg und Hamburg handeln, ebenso wie London auf Lieferung fob (frei an Bord) Hamburg oder Harburg. Unsere neuen Kupferterminbörsen Hamburg und Berlin wollen das deutsche Geschäft von London nach Deutschland ziehen und denselben Zweck verfolgt die im Entstehen begriffene Bremer Baumwoll-Terminbörse gegenüber Liverpool. Die ausländischen Börsen unterliegen keinen Beschränkungen. Namentlich für die Bildung eines neuen Terminmarkts, der sich die Kundschaft erst allmählich heranziehen muß, kann es eine wesentliche Unterstützung bedeuten, wenn die Beteiligungsmöglichkeit nicht zu streng beschränkt wird. Es handelt sich bei den termingeschäftsfähigen Kreisen auch nur um Personen, bei denen man eine gewisse Geschäftserfahrung und Besonnenheit voraussetzen kann, von denen eine Gefährdung des Marktes daher nicht so leicht zu besorgen ist. Eine nennenswerte Erweiterung dieser Kreise würde sich schwerlich rechtfertigen lassen.

Kehren wir jetzt zur Wertpapierbörse zurück, so sehen wir, daß dort alles gerade umgekehrt liegt. Während die Warenbörse nur ein Markt für den Warengroßhandel sein soll, ist die Wertpapierbörse hauptsächlich bestimmt, als Vermittelungsstelle für Wertpapierkäufe und Verkäufe des Publikums zu dienen. Die Wertpapierbörse ist der Markt für das Publikum. Während zur Teilnahme an den Geschäften der Warenbörse nur derjenige legitimiert ist, der durch sein Gewerbe am Großhandel beteiligt ist, läßt sich eine Grenze zwischen legitimer und illegitimer Beteiligung an den Geschäften der Wertpapierbörse nach der Berufsstellung nicht ziehen. Jeder ist legitimiert, dem seine Mittel oder der ihm gewährte Kredit gestatten, Wertpapiere zu kaufen. Ist aber das Publikum legitimiert, an der Wertpapierbörse kaufen oder verkaufen zu lassen, so vermag man es auch nicht zu hindern, dort zu spekulieren. Die Fernhaltung von der Spekulation dadurch erreichen zu wollen, daß man dem Publikum gerade das Termingeschäft verschließt, hat sich klar genug als ein Versuch mit untauglichen Mitteln herausgestellt. Dem doch meistens à la hausse liegenden Publikum ist es gleichgültig genug, ob es per cassa oder per ultimo spekuliert. Daß und wie stark es per cassa spekuliert und zwar in allen Abstufungen bis zur reinsten Preisspekulation lehrt uns in Zeiten lebhafter Börsenkonjunktur jeden Tag der Augenschein. Das Termingeschäft hat hier eben nicht die Bedeutung der für die Spekulation der Außenseiter so gut wie allein brauchbaren Handelsform. Das Kassageschäft ist aber allen Versuchen einer gesetzlichen Einschränkung unzugänglich gewesen.

Die Spekulation des Publikums am Wertpapiermarkte muß als ein unvermeidliches Übel hingenommen werden. Man kann diesen Ausdruck ruhig brauchen, doch muß man sich klar sein, daß dieses Übel nicht nur unvermeidlich ist, weil man es nicht hindern kann, sondern auch deshalb, weil es unsere wirtschaftliche Entwicklung nicht, oder wenigstens noch nicht entbehren kann. Es ist also ein unvermeidliches und unentbehrliches Übel. Deutschlands industrielle Entwickelung beruht zu einem nicht geringen Teil auf der Teilnahme des Publikums am Wertpapierhandel. Unsere Eisenbahnen sind zunächst mit starker Unterstützung der Spekulation gebaut worden. Als die preußische Regierung gegen die Eisenbahnmanie, die mit dem ganzen für eine noch junge Spekulation bezeichnenden Überschwang auftrat, durch die Verordnung vom 24. Mai 1844 eingeschritten war, zeigten sich alsbald Schwierigkeiten bei der Aufbringung des Kapitals für den Ausbau des Eisenbahnnetzes. Lange war freilich die Verordnung nicht wirksam. Die Verstaatlichung schloß dann den endgültigen Verzicht auf die Beihilfe der Spekulation in sich. Denn wir haben es — leider oder glücklicherweise, ich lasse das ganz dahingestellt — nicht verstanden, die Spekulation dauernd für unsere Staatspapiere zu interessieren. Was aber der Verzicht auf die Beihilfe der Spekulation bei der Aufbringung so mächtiger Kapitalien bedeutet, das zeigen die in den letzten Jahren am Markte der Staatsanleihen herrschenden Zustände recht deutlich. Um so wirksamer konnte freilich die Spekulation anderen Zweigen unserer Volkswirtschaft zugute kommen, die so von dem anspruchsvollsten aller Konkurrenten auf dem Teil des Kapitalmarktes, der ihre Domäne ist, befreit worden sind. Auch aus diesem Grunde wäre ohne die große Tat der Eisenbahnverstaatlichung unsere wirtschaftliche Entwicklung kaum denkbar.

Die heute vorhandenen Waren sind morgen im Verbrauch verschwunden, sie kommen nicht wieder auf den Markt zurück. Ist das Erntejahr zu Ende, so ist auch die alte Ernte so gut wie aufgezehrt, der Handel kann sich, unbelastet mit alten Beständen, der Unterbringung der neuen Ernte zuwenden. Das Wertpapier ist gleichsam ewig. Es besteht solange, bis es getilgt wird oder die Gesellschaft, die es ausgestellt hat, untergeht. Es ist immer für eine lange Zeit bestimmt und der Bestand wächst stets und ständig. Deutschland produziert jährlich an Wertpapieren etwa 3 Milliarden Mark. Während die Warenmengen dahinrollen wie ein Strom, nicht immer in gleichmäßigem Fluß aber doch unaufhaltsam verschwindend, gleicht der Wertpapierbestand einem See, der viele Zuflüsse, aber keinen Abfluß hat. Er ist auf allmähliche Versickerung angewiesen. Die Börse muß für die Massen, die nur langsam in feste Hände übergehen, in denen nicht gleich anlagesuchendes Kapital fixiert werden kann, alsbald Unterkunft schaffen, damit die Zuflüsse sich nicht zurückstauen, damit die Bedürfnisse der Volkswirtschaft sofort befriedigt werden können. Sie kann dies nur mit Hilfe der Spekulation, die, nach einem Worte Mirabeaus, als Speicher dienen muß, bis die Güter allmählich ihrer Bestimmung zurollen können, aber sie kann es auch nur mit Hilfe der berufsmäßigen Spekulation und der Spekulation des Publikums. Daß die berufsmäßige Spekulation dieser Aufgabe allein genügen könnte, ist undenkbar. Sie kann nur als vermittelndes Glied tätig sein. Denn gelänge es ihr nicht, die Werte an das Publikum weiter zu schieben, handelte sie nur in sich, so müßte sie, schon wegen der Spesen, die ihr durch die Umsatzsteuer ohne Rücksicht auf Gewinn oder Verlust erwachsen, in sich mit der Zeit immer ärmer werden. Da Gewinn und Verlust wechseln, würden die Parteien sich allmählich gegenseitig aufzehren wie die beiden Löwen, von denen nur die Schwänze übrig blieben. Soll die Spekulation das leisten, was sie leisten muß, so muß sie aus ergiebigeren Quellen gespeist werden. Sie kann der Beteiligung des Publikums nicht entraten.

Die Spekulation des Publikums in Wertpapieren zu unterdrücken, ist tatsächlich unmöglich. Wäre es auch möglich, man müßte sich doch sehr besinnen, von dieser Möglichkeit Gebrauch zu machen. Der Versuch, so oft er gemacht wurde, ist immer nur unternommen worden in der Empörung über vorgekommene Ausschreitungen. Die Empörung, so begreiflich sie auch vielfach war, ist nicht die Stimmung, aus der heraus dauernd haltbare Gesetze zustandekommen. Bei kühler Abwägung des Für und Wider wird der Staat sich auf den Versuch beschränken müssen, die nun einmal als gegeben hinzunehmende, an sich gewiß höchst unerfreuliche Erscheinung so zu beeinflussen, daß ihre günstigen Wirkungen möglichst d. h. unter vorsichtiger Wahrung der internationalen

Stellung unserer Börse der deutschen Volkswirtschaft zugute kommen, die ungünstigen aber möglichst abgeschwächt werden. Daß dazu nicht der richtige Weg ist, dem Publikum den rechtswirksamen Abschluß von Börsentermingeschäften überhaupt unmöglich zu machen, glaube ich dargelegt zu haben. Die Verweisung auf die Kassaspekulation, die das im Grunde doch nur bedeutet, ist auch deshalb so unzweckmäßig, weil hier Beteiligungs- und Verlustmöglichkeit nicht beschränkt werden können. Bei dem Börsentermingeschäft ist aber die Möglichkeit vorhanden, weil es sich hier um eine Geschäftsform handelt, die aus den Bedürfnissen der Spekulation erwachsen, wenigstens in den Händen des Publikums regelmäßig nur den Zwecken der Spekulation dient. Das Vorliegen einer Spekulation, die bei dem Kassageschäft nur aus den individuellen Verhältnissen des Einzelfalls geschlossen werden kann, darf hier ohne weiteres präsumiert[1]) und die gesetzliche Behandlung auf den Regelfall zugeschnitten werden.

Die Beschränkung sucht das Gesetz dadurch zu erreichen, daß es das Publikum nur mit einer bestellten Sicherheit haften läßt und zwar nur für Geschäfte, die mit einem deutschen Kaufmann abgeschlossen sind und unbedingt, d. h. unter Ausschluß des Spieleinwands nur, wenn es sich um solche Wertpapiere handelt, die an einer deutschen Börse offiziell auf Termin gehandelt werden[2]). Man hat eingewendet, daß damit sozusagen ganz Deutschland wieder termingeschäftsfähig geworden sei, da ohnehin kein Bankier ein Geschäft ohne hinreichenden Einschuß ausführe. Diese Voraussetzung trifft nicht zu und darum ist auch die Folgerung falsch. „Erfahrungsgemäß ist aber sowohl hinsichtlich der Eingehung wie der Ausdehnung der Börsenspekulation keine Hemmung wirksamer als der Zwang, zunächst einmal bedeutende Barmittel herzugeben, bevor überhaupt spekuliert werden kann“[3]). Hier kommt also der oben angedeutete Gedanke zum Ausdruck, daß eine verständige Einschränkung der Spekulation durch Einschränkung der Kreditgewährung angestrebt werden muß. Denn in der leichtsinnigen Kreditgewährung liegt der eigentliche Krankheitsherd[4]).

---

[1]) Oben S. 9.

[2]) Oben S. 18.

[3]) Nußbaum, Zwangsregulierung bei Börsengeschäften. Zeitschr. f. d. ges. Handelsrecht, Bd. 74, S. 317.

[4]) Die Begründung zu dem Entwurf des neuen Börsengesetzes sagt etwas optimistisch: „Eine Beschränkung der Haftung des Publikums aus Börsentermingeschäften auf bestellte Sicherheiten wird für den soliden Handel nicht unerträglich sein. Er wird in der Lage bleiben, sich dementsprechend zu verhalten und Geschäfte ohne gesicherten Rechtsgrund abzulehnen. Die Grenze der rechtlichen Wirksamkeit wird also auch die tatsächliche Übung begrenzen und so eine wirkliche Beschränkung darstellen. Die Bedeutung dieser Beschränkung ist aber keineswegs zu unterschätzen. Die Unmöglichkeit, eine Verpflichtung

Freilich kann man einen durchgreifenden Erfolg von zivilrechtlichen Vorschriften, deren Machtmittel sich in der Versagung der Klagbarkeit erschöpfen, nach den Erfahrungen zu allen Zeiten und in allen Ländern nicht erwarten. Die Spekulation überschlug sich an der Pariser Börse als die Zulassung der exception de jeu die Spekulation noch fast rechtlos stellte, und von einer Wirkung der diesem Einwand sehr geneigten Praxis der belgischen Gerichte ist mir nichts bekannt. Im Grunde tut das Gesetz durch Versagung der Klagbarkeit nicht mehr, als daß es ablehnt, die Geschäfte, die es nicht billigt, noch zu fördern. Um dauernd mäßigend zu wirken, bedarf es noch anderer Mittel.

Daß das Strafrecht diese Funktion nicht ausüben kann, ist zu selbstverständlich, als daß sich eine nähere Darlegung verlohnte.

Von der ja sonst dringend wünschenswerten Belehrung und Aufklärung des Publikums über die Vorgänge an der Börse vermag ich mir nach dieser Richtung nicht viel zu versprechen. „Man entsage doch endlich dem Wahne, zu glauben, daß irgendwelche Belehrungen und Erfahrungen ein wirksames Gegengewicht bilden können gegen den unausrottbaren Hang der meisten Menschen nach raschem mühelosen Gewinn."[1])

Auch der seiner Zeit lebhaft begrüßte Ausspruch: „Weg mit allen Beschränkungen, die Börsendisziplin reicht völlig aus, um alle Mißstände und Ausschreitungen hintanzuhalten" steht wohl kaum auf dem Boden der Tatsachen.

Man darf nicht vergessen, daß die Berliner Fondsbörse, entsprechend ihrer Entstehung aus einer freien Versammlung der Kaufmannschaft, jeder festen inneren Struktur entbehrt. Abgesehen von den 75 Kursmaklern ist keinem Börsenbesucher eine bestimmte Art der Betätigung vorgeschrieben. Unter den 1200 selbständigen Börsenbesuchern finden sich von den ersten Finanzmännern Europas bis hinab zum kleinen Händler, der froh ist am Tage einige Mark zu verdienen, alle denkbaren Nuancen[2]). Wie kann man unter solchen Verhältnissen, die ich hier

---

zu nachträglicher Ergänzung der Sicherheit zu begründen, wird von selbst dahin führen, daß ausgiebige Sicherheiten beansprucht werden, eine übermäßige Kreditgewährung also nicht zu befürchten ist. Da mit der Erregung des Marktes die Sicherheiten wachsen müssen, so wird sich gerade in Zeiten der lebhaftesten Spekulation die Grenze derer, die zur Beteiligung am Terminhandel zugelassen werden, immer enger ziehen, die Gefahr, welche der Entwicklung des Marktes durch die Beteiligung Unberufener erwachsen kann, sich also selbsttätig abschwächen."

[1]) Ehrenberg, Die Fondsspekulation und die Gesetzgebung. S. 217. Anderer Ansicht freilich neuerdings wieder Prion, Die Preisbildung an der Wertpapierbörse. S. 215.

[2]) Zur Orientierung über diese Verhältnisse empfehle ich die kleine Schrift von Bernhard, Die Börse. Ihre Geschichte, ihr Wesen und ihre Bedeutung. S. 38ff. Der Kampf der Börsianer ums Dasein.

nur erwähne, ohne ihre Berechtigung irgendwie zu erörtern, an eine Börsendisziplin denken, die das Geschäftsgebaren des einzelnen zu beeinflussen vermag! Die Börsenehrengerichte sind durch die ganze Struktur des Verfahrens in ihrer Aktionsfähigkeit sehr beschränkt. Sie schreiten nur gegen positive Verstöße ein, die mehr oder weniger zufällig zu ihrer Kenntnis kommen. Denn unter den Börsenbesuchern herrscht eine ausgesprochene Abneigung dagegen, andere Börsenbesucher zur Verantwortung zu ziehen, gewiß ein ansprechender Zug, aber auch der Beweis für das Fehlen eines Standesgefühls, das sich ja unter den obwaltenden Verhältnissen nicht bilden kann, aber doch die Voraussetzung für die erfolgreiche Betätigung eines Ehrengerichts ist. Es ist daher nicht wunderbar, daß die Ehrengerichte, soweit es sich nicht einfach um Unehrlichkeiten oder um Fragen handelt, die ein vitales Interesse des Börsenverkehrs berühren, nicht zu bestimmten Anforderungen gelangen können, die sie ihrer Judikatur konsequent zugrunde legen[1]). Wie sollte ferner das ganze große Geschäft der Provinzialbankiers mit ihrer Kundschaft der Einwirkung der Börsendisziplin unterstellt werden? Der allerdings ganz aus eigener Initiative der beteiligten Kreise geführte, gewiß sehr anerkennenswerte Kampf gegen die sogenannten bucket-shops richtete sich doch nur gegen einen einzelnen, leicht erkennbaren Auswuchs, der überwiegend mit der Börse nichts zu tun hat. Er war auch nur mit Hilfe der ordentlichen Gerichte möglich.

Die Erkenntnis, daß eine übertriebene Ausdehnung der Spekulation nur ermöglicht wird durch eine zu weit gehende Kreditgewährung, führt immer wieder zu dem Schluß, daß der mäßigende Einfluß da einsetzen muß, wo auch das neue Börsengesetz, wie wir sahen, mit den ihm nur zu Gebote stehenden unvollkommenen Mitteln einsetzen will, nämlich eben bei der Kreditgewährung. Wir wollen es nochmals betonen, daß die Spekulation allerdings zur Lösung der Aufgaben, die ihr bei der heutigen Organisation des Wirtschaftslebens zufallen, des Kredits bedarf. Aber sie wird nur dann gesund bleiben, wenn ihre eigenen Mittel nicht im Mißverhältnis zu dem ihr gewährten Kredit stehen. Die Sätze, zu denen der Kredit gewährt wird, sind nicht so wichtig. Die Hauptrolle spielt die Frage, ob die benötigten Mittel überhaupt zur Verfügung gestellt werden. Die erfolgreiche Lösung des Problems, mit dem wir uns zum Schluß beschäftigt haben, liegt an diesem Punkte und gelingt sie, so wird ihr auch nicht die Einseitigkeit anhaften, von der sich die gesetz-

---

[1]) Der geringe Erfolg der Einrichtung ist von Weber, Die Ergebnisse der deutschen Börsenenquete, Zeitschr. f. d. ges. Handelsrecht, Bd. 43, S. 137ff., richtig vorausgesagt worden. Dort ist auch sehr zutreffend betont, daß die wirksame Ausgestaltung eines Börsenehrengerichts eine exklusivere Börsenorganisation zur Voraussetzung haben würde.

geberischen Versuche bisher noch nicht frei machen konnten. Sie wird sich auch auf das Kassageschäft erstrecken. Ein wirksamer Zwang zur Einschränkung des Kredits wird selbstverständlich Übertreibungen in einzelnen Fällen nicht verhindern, aber große allgemeine Ausschreitungen, die wir allein im Auge zu haben brauchen, zum mindesten wesentlich eindämmen. Der Versuch unseres Reichsbankpräsidenten Havenstein, in Ausführung seines allerdings weit über unser Spezialgebiet hinausgreifenden Programms, die bisherige leichtherzige Kreditgewährung an die Börsenspekulation einzuschränken, unmittelbar durch Hinwirken auf höhere Anforderungen an Deckung und Bareinschüsse, mittelbar dadurch, daß die Banken veranlaßt werden, höhere Barreserven zu halten, scheint mir eine neue Phase unserer staatlichen Börsenpolitik einzuleiten. Sie kann die notwendige Ergänzung unserer Börsengesetzgebung bringen. Der Erfolg wird davon abhängen, ob es gelingt, die richtigen Mittel und Wege zu finden. Einstweilen wollen wir hoffen, daß das jetzt gewählte Mittel einer Vereinbarung zwischen Banken und Bankiers sich als ausreichend erweist. Der Verlauf der nächsten Börsenkonjunktur wird uns darüber belehren.

GPSR Compliance

The European Union's (EU) General Product Safety Regulation (GPSR) is a set of rules that requires consumer products to be safe and our obligations to ensure this.

If you have any concerns about our products, you can contact us on ProductSafety@springernature.com

In case Publisher is established outside the EU, the EU authorized representative is:

Springer Nature Customer Service Center GmbH
Europaplatz 3
69115 Heidelberg, Germany

Batch number: 10844827

Printed by Printforce, the Netherlands